انسانی زندگی پر
سوشل میڈیا کے اثرات

(علمی و تحقیقی مضامین)

مرتبہ:

سید حیدر آبادی

Insani Zindagi par Social Media ke Asaraat (Essays)
by: Syed Hyderabadi
Edition: August '2025
Publisher :
Taemeer Publications LLC (Michigan, USA / Hyderabad, India)

ISBN 978-93-6908-372-5

کتاب	:	**انسانی زندگی پر سوشل میڈیا کے اثرات**
مرتب	:	**سید حیدرآبادی**
صنف	:	تحقیق و تنقید
ناشر	:	تعمیر پبلی کیشنز (حیدرآباد، انڈیا)
سالِ اشاعت	:	۲۰۲۵ء
صفحات	:	۷۶
سرورق ڈیزائن	:	تعمیر ویب ڈیزائن

فہرست

ٹیکنالوجی اور انسانی زندگی

اسامہ اکرم

صارفین کے ڈیٹا سے متعلق واٹس ایپ کے ایک نوٹیفکیشن نے گزشتہ دنوں ہلچل پیدا کر دی۔ جس کے بعد واٹس ایپ، ٹیلی گرام اور سگنل جیسے دوسرے سوشل میڈیا پلیٹ فارموں کا موازنہ شروع ہو گیا۔ دیکھتے ہی دیکھتے اِس پلیٹ فارم سے اُس پلیٹ فارم پر منتقل ہونے کے مشورے گردش کرنے لگے۔ اس ہلچل کا ایک مثبت اثر یہ ہوا کہ لوگ ٹیکنالوجی، ڈیٹا اور پرائیویسی جیسے موضوعات کے متعلق سوچنے پر مجبور ہوئے۔ ذہنوں میں مختلف سوالات پیدا ہوئے۔ ڈیٹا کی کیا اہمیت ہے؟ ہماری نجی معلومات کا استعمال کس طرح ممکن ہے؟ نجی ڈیٹا کے لین دین سے ہماری زندگی پر کیا اثر پڑ سکتا ہے؟ کیا ایک ایپلیکیشن سے دوسرے ایپلیکیشن کی طرف انتقال ان مسائل کا حل ہے؟ ان سوالات کے جواب تلاش کرنے کے لیے ٹیکنالوجی کی تنقیدی سمجھ ناگزیر ہے۔

ٹیکنالوجی انسانی زندگی کی بنیادی ضرورت ہے۔ ٹیکنالوجی کے بغیر زندگی کا تصور باقی نہیں رہا۔ اسی بناء پر اکیسویں صدی کو ٹیکنالوجی کی صدی کہا جاتا ہے۔ انفارمیشن و کمیونیکیشن ٹیکنالوجیوں نے غیر معمولی انقلاب برپا کیا۔ جس نے انسان کی انفرادی و اجتماعی زندگی پر متعدد مثبت اثرات مرتب کیے اور ایک ایسے معاشرے کا خواب دکھایا جو

جمہوری اور انصاف پسند ہو۔ لیکن امتداد زمانہ کے ساتھ ٹیکنالوجی کی غیر معمولی ترقی نے پرائیویسی، فرد کے انفرادی و اجتماعی معاملات کی بے جا نگرانی (Surveillance) جیسے مسائل پیدا کر دیے۔ امریکہ کی خفیہ ایجنسی سنٹرل انٹیلیجنس ایجنسی '(سی آئی اے) کے سابق کارکن ایڈوارڈ سنوڈن نے ۲۰۱۳ء میں گلوبل سرویلنس پروگرام کا انکشاف کیا۔ جس میں حکومتی ایجنسیوں اور ٹیلی کمیونیکیشن کمپنیوں کی ملی بھگت سے ہونے والے عوامی سرویلنس کا پردہ فاش ہوا۔ یہ وہ خفیہ پروجیکٹ تھا جس کے تحت کسی بھی فرد کے گوگل اکاؤنٹ، ای میل، فیس بک وغیرہ، غرض ہر نجی معلومات تک حکومت کو رسائی حاصل تھی۔ فرد کی تمام سرگرمیوں پر گہری نظر رکھنا حکومت کے لیے ممکن تھا۔ اس معاملے نے عوام کی بے جا نگرانی کے مسئلہ کو گہرائی سے سمجھنے میں مدد فراہم کی۔

ٹیکنالوجی کی بے لگام ترقی اور فرد کی زندگی میں غیر معمولی مداخلت نے اخلاقی و نفسیاتی مسائل پیدا کیے۔ وہ ڈیجیٹل پلیٹ فارم جن کا استعمال فرد کے معمول کا حصہ بن چکا ہے مثلاً فیس بک، انسٹاگرام، یوٹیوب اور اسنیپ چیٹ وغیرہ، جہاں لائکس اور ایموجی کے ذریعہ اپنی پسند و ناپسند، خیالات اور طبیعت کا اظہار کیا جاتا ہے، ان پر کی جانے والی آن لائن سرگرمیوں کے ذریعہ ہر فرد کا ڈیٹا جمع اور محفوظ کیا جاتا ہے۔ پھر ہر فرد کی پسند و ناپسند اور دلچسپیوں کے بارے میں اندازہ کیا جاتا ہے۔ غرض یہ کہ ایک فرد اپنی ذات سے جس قدر واقف ہوتا ہے یہ کمپنیاں اس سے زیادہ اس کی دلچسپیوں، پسند و ناپسند سے واقف ہوتی ہیں۔ انہیں دلچسپیوں کے مطابق ٹائم لائن پر اشتہارات نشر کیے جاتے ہیں اور آن لائن مواد تجویز کیے جاتے ہیں۔ یہ سب کیا جاتا ہے تاکہ خرید و فروخت کا سلسلہ چلتا رہے۔ جتنا زیادہ جس پلیٹ فارم کا دورہ کیا جائے گا اور جس پر جتنا زیادہ وقت صرف کیا جائے گا وہ پلیٹ فارم اسی قدر زیادہ اشتہارات حاصل کرنے میں کامیاب ہوگا۔ یوٹیوب

کے ۱۱ اعشاریہ ۹ بلین صارفین ہیں جو ایک دن میں اوسطاً ایک گھنٹہ ویڈیوز دیکھتے ہیں۔ حیرت انگیز انکشاف یہ ہے کہ ۷۰ فی صد ویڈیو یوٹیوب کی جانب سے مجوزہ مواد ہوتا ہے۔ ایک فرد اس زعم میں مبتلا ہوتا ہے کہ مجھے اختیار کی پوری آزادی حاصل ہے تاہم حقیقت اس کے برخلاف ہے۔ یوٹیوب پر 'آٹو پلے' کے بٹن کے پیچھے تصور ہی یہ ہے کہ آپ کے سوچنے سے پہلے آپ کی دلچسپی سے مطابقت رکھنے والے ویڈیوز کا سلسلہ چلتا رہے۔ اس حد تک کہ ان کا استعمال لت (Addiction) کی شکل اختیار کر جائے۔ یہ تمام کوششیں فرد کی زیادہ سے زیادہ توجہ حاصل کرنے کے لیے ہے۔ ان پلیٹ فارموں کی فکر یہ نہیں ہوتی کہ آپ کیا چاہتے ہیں بلکہ یہ ہوتی ہے کہ آپ کتنا زیادہ وقت ان پر گزارتے ہیں۔ ان کا غیر منظم اور لامحدود استعمال انسانی رویوں میں بڑے پیمانے پر منفی اثرات مرتب کرتا ہے۔ ایک طالب علم کے لیے متوجہ رہنے کی صلاحیت کی کمی (اٹینشن اسپین) سے دیر تک کتابوں کا مطالعہ کرنا ممکن نہیں رہا، اس کا ذہن ہر آن نئے مواد کی تلاش میں ہوتا ہے۔ ایک موضوع پر دیر تک غور و فکر کرنا مشکل ترین عمل بن جاتا ہے۔ دوسری طرف ہر لمحہ مختلف و متضاد خبریں اور پوسٹ ہم تک پہنچ رہی ہیں۔ اس آن ہم خوشی کا اظہار کرتے ہیں تو اس کے بعد فوراً ایک غمگین خبر سے سابقہ پڑ جاتا ہے۔ اس کے بعد کسی کی سالگرہ منائی جا رہی ہوتی ہے تو اگلی پوسٹ میں کوئی لطیفہ نظر سے گزرتا ہے۔ پھر اگلے ہی لمحے میں ہم خود کو کسی فلسفیانہ جملے پر غور کرتا ہوا پاتے ہیں۔ ان تیزی سے بدلتے ہوئے احساسات و جذبات کا نفسیات پر گہرا اثر ہوتا ہے۔ یہ ایشوز مزید سنگینی اختیار کر جاتے ہیں جب بازار اور ریاست ایک ساتھ مل کر سماج کا استحصال کرنے لگیں۔ ۲۰۱۶ میں امریکی انتخابات کے پیش نظر فیس بک نے کیمبرج انالیٹکا نامی کمپنی کے ہاتھوں صارفین کا ڈیٹا فروخت کیا۔ جس کے ذریعہ ہر فرد کے کم از کم بیس ہزار ڈیٹا پوائنٹس جمع کیے گئے۔ جس میں فرد کی

زندگی کے ہر پہلو میں پسند و ناپسند اور دلچسپیوں کی معلومات تھی۔ ان دلچسپیوں کی مدد سے فرد کے سیاسی خیالات کا اندازہ کیا گیا اور ان کے اعتبار سے فیس بک پوسٹ اور ویڈیو نیوز فیڈ پر تجویز کیے گئے تاکہ فرد کے سیاسی خیالات کو متاثر کیا جا سکے۔ حد تو یہ ہے کہ صرف آپ کے کلک پیٹرن کو دیکھ کر آپ کے لیے موزوں ترین سیاسی پیغام کا انتخاب کیا جا سکتا ہے۔ ٹیکنالوجی کے اس دور میں ڈیٹا نے سمندری راستوں اور تیل کی حیثیت اختیار کر لی ہے۔ یہ سمجھا جانے لگا کہ جس کے پاس ڈیٹا ہو گا وہی دنیا چلانے کا اہل ہو گا۔

ٹیکنالوجیکل انقلاب نے انسانوں کو ایک ایسے معاشرے کا خواب دکھایا تھا جس میں فرد کی آزادی کا بہتر تحفظ ممکن ہو سکے۔ جہاں انسانوں کی فلاح و بہبود کی نئی راہیں ہموار ہو سکیں۔ لیکن بہتر سماج کا یہ خواب اب تک محض خواب ہی ہے۔ ٹیکنالوجی کی پوری طاقت چند سرمایہ دار کمپنیوں کے ہاتھ میں ہیں۔ جو دنیا کی معیشت چلا رہے ہیں۔ جن کے پیش نظر یہ ہے کہ انسانوں کو مصنوعات سے ہم آہنگ رکھا جائے اور ان کے جذبات و احساسات کا استحصال کیا جاتا رہے۔ مصنوعات کی زیادہ سے زیادہ خرید و فروخت اور اس کے لیے انسانی توجہ کی حرص نے انسانوں کے نفسیاتی و جذباتی استحصال کا پورا نظام کھڑا کر دیا ہے۔ جہاں انسان اس یقین میں جی رہا ہے کہ وہ جو کچھ کر رہا ہے اپنے انتخاب اور اپنی آزادی سے کر رہا ہے۔ لیکن حقیقت یہ کہ الگورتھم کی مخصوص نقشہ بندی اسے اپنے منصوبہ کے مطابق ڈھکیل رہی ہے۔ کیمرہ کے پیچھے ماسٹر کمپیوٹر فرد کی آنکھوں کی جنبش سے یہ معلوم کر سکتا ہے کہ فرد کس نفسیاتی کیفیت میں ہے اور کون سا پیغام فوراً قبول کرنے کے لیے آمادہ ہے۔ صورت حال یہ ہے کہ انسان کسی نہ کسی درجہ میں روبوٹ کی حیثیت اختیار کرتا چلا جا رہا ہے جس کی چابی ان افراد کے ہاتھوں میں ہے جو ٹیکنالوجی اور ڈیٹا رکھتے ہیں۔ اس پورے نظام میں آدمیت، فرد کی آزادی اور انسان کی حیثیت جیسے

بنیادی سوالات سرے سے گم ہو چکے ہیں۔

ضرورت ہے کہ محض ایک پلیٹ فارم سے دوسرے پلیٹ فارم کی طرف انتقال کی فکر سے آگے بڑھ کر ٹیکنالوجی کے متعلق تنقیدی مطالعہ کی طرف توجہ مبذول کی جائے۔ ٹیکنالوجی، پرائیویسی اور سرویلنس کے فلسفہ کو سمجھنے کی کوشش کی جائے۔ انسان کی حیثیت، آدمیت اور آزادی فرد جیسے بنیادی سوالات کو موضوع بحث بنایا جائے۔

* * *

ڈیجیٹل آلات کی اسیری: ٹوٹتے بکھرتے انسانی تعلقات

شہمینہ سبحان

دور حاضر کی یہ دنیا جدید آلات و افکار کی دنیا ہے۔ ایک ماڈرن دنیا، جہاں ڈیجیٹل آلات کا ایک طوفان، بلکہ طوفان بدتمیزی کہنا مناسب ہو گا بپا ہے۔ اسمارٹ فونس، لیپ ٹاپس، کمپیوٹرس، آئی پیاڈ، دیگر الکٹرانک ڈیوائسس وغیرہ سب انسان کی ضروریات بن چکے ہیں ان کے بغیر اٹھنا بیٹھنا بلکہ زندہ رہنا تقریباً ناممکن ہو گیا ہے۔

یہ بات بھی بالکل درست ہے کہ ان آلات نے علم کے نئے ذرائع کھولے ہیں ان کے ذریعے سے نت نئے علوم سیکھنے کا موقع ملتا ہے اور صلاحیتوں کا فروغ بھی ہوتا ہے۔ لیکن جہاں اس سے انسان کی کئی ضرورتیں پوری ہو جاتی ہیں وہیں یہ ضرورتیں اگر 'ضرورت' ہی کے دائرے میں محدود رہیں تو پھر ٹھیک ہے ورنہ دائرے سے باہر نکل جائیں تو پھر سرکشیاں جنم لینے لگتی ہیں اور سرکشیاں کبھی اچھے انجام سے دوچار نہیں کرتیں۔

مثال کے طور پر اگر کسی انسان کے پاس بہت سارو پیہ ہے اور اس کی ضرورتیں پوری ہونے کے بعد بھی باقی بچ جاتا ہے تو پھر اس سے وہ سہل پسندیاں، عیش کوشیاں اور

آرام خریدنے لگتا ہے اور پھر یہ آرام بھی کچھ ہی عرصے میں بے آرام 'کر جاتا ہے۔ اسی طرح کا معاملہ ڈیجیٹل آلات کا بھی ہے۔ ان آلات نے انسانی زندگی کے تمام ہی گوشوں کا احاطہ کیا ہوا ہے۔ اس کا آغاز ٹی وی سے ہوا پھر انٹرنیٹ کی آمد ہوئی، ٹیلیفون جو گھر کے کسی حصے میں لگا ہوتا تھا وہ ہوتے ہوتے اتنا چھوٹا ہو گیا کہ اب ایک مٹھی میں آسانی سے سما جاتا ہے جس میں ایک پوری دنیا موجود ہوتی ہے۔

اب انسانوں کے ساتھ ساتھ آلات کی ایک دنیا بھی اس 'دنیا' میں بستی ہے۔ ٹیلی ویژن کے آنے کے بعد مختلف دیگر آلات کی ایجادات نے آج کے انسان کو اتنا مصروف کر دیا ہے کہ وہ اپنے اطراف بسنے والے اپنے ارد گرد رہنے والوں سے مکمل بے خبر رہتا ہے۔ ان آلات نے انسانوں کے درمیان رشتوں کی اہمیت باقی نہیں رکھی۔ گھر کے بالکل ساتھ رہنے والے پڑوسی سے لاتعلق اور خوش حالی و بدحالی اور صحت و بیماری جیسے سارے ہی معاملات سے بے گانہ کر دیا ہے۔ اپنے موبائل فون میں لگے ہوئے شخص کو اس بات کی فکر ہی نہیں رہتی کہ اس کے اطراف کی دنیا کدھر جا رہی ہے بلکہ وہ خود کدھر جا رہا ہے۔ بھرے مجمع میں وہ خاموش سی دبی سی مسکراہٹ، آنکھیں اسکرین پر جمی ہوئی، بے نیازی اور لاپروائی کے ساتھ کو۳ شخص ایک مہذب دنیا کا باشندہ تو نہیں کہلایا جا سکتا۔ پھر ان آلات کی اسیری نے انسانی نسل کے سب سے بڑے اثاثے 'بچوں' پر جو اثر ڈالا ہے وہ ایک الگ داستاں ہے۔

دور جدید کے یہ بچے رم جھم سی بارشوں میں کاغذی کشتیوں کو پانی میں بہانے، کھلونوں سے دِل بہلانے، تتلیوں کے پیچھے دوڑنے یا مٹی کے گھروندے بنانے یا شام کے اوقات میں گھر کے قریبی میدانوں میں جا کر کھیلنے والے نہیں رہے اور نہ ہی یہ بچے جِنوں اور پریوں سے متعلق گھڑی گئی داستانوں کے سننے پر یقین کرتے ہیں کیوں؟ کیوں

کہ یہ شاید انسانی تاریخ کے ذہین ترین بچے ہیں۔ یہ حقیقی دُنیا میں اتنا وقت نہیں گزارتے جتنا ڈیجیٹل آلات کے ساتھ اپنے دن ورات کا بیشتر حصہ گزارتے ہیں۔

ان کی کائنات اسمارٹ فون، ٹیبلٹ اور کمپیوٹر جیسے ڈیوائسز تک محدود ہو کر رہ گئی ہے۔ یہ ویڈیو گیمز، کارٹونز اور دوسرے آن لائن مواد دیکھنے تک محدود ہو کر رہ گئے ہیں اور ڈیجیٹل ٹیکنالوجی پر اپنے والدین سے زیادہ دسترس رکھتے ہیں۔ تحقیق کے مطابق، آج ترقی یافتہ ممالک میں ہر ۳ میں سے ایک بچہ بات چیت کے قابل ہونے سے قبل ہی اسمارٹ فون کے استعمال سے واقفیت حاصل کر لیتا ہے اور بچوں کی یہ عادت اُن کے رویوں، رشتوں، سماجی و ثقافتی بندھنوں اور تعلیم پر اثر انداز ہو رہی ہے۔ اس صُورتِ حال میں بچوں کے ساتھ ساتھ بڑوں کو بھی یہ سمجھنے اور سمجھانے کی ضرورت پہلے سے کئی گُنا بڑھ گئی ہے کہ ڈیجیٹل ورلڈ کے علاوہ بھی ایک اور دُنیا ہے اور وہ ہے انسانی احساسات و جذبات کی دُنیا۔ انسانوں سے رابطے بے جان آلات میں مگن رہنے سے کہیں زیادہ اہمیت رکھتے ہیں۔ آج دُنیا بھر میں ڈیجیٹل ڈیوائسز کے استعمال کی عادت وبا کی شکل اختیار کرتی جا رہی ہے اور اس کے منفی نتائج بھی سامنے آنے لگے ہیں جن میں بچوں کی تعمیری و تخلیقی صلاحیتوں کی تباہی و پامالی قابلِ ذکر ہے۔ اس تشویش ناک صورتِ حال کا ادراک کرتے ہوئے بعض ممالک نے بچوں کے اسکرین ٹائم کو محدود کرنے کے لیے اقدامات شروع کر دیے ہیں، لیکن عدم آگہی یا غفلت کی وجہ سے ہمارے ملکوں میں اس رجحان کو کم کرنے کے لیے کوئی قابل قدر کام نہیں ہو رہا ہے۔ ہمارے لیے سب سے پہلے تو یہ ماننا ضروری ہے کہ نئی نسل کا دماغ گزشتہ نسلوں سے قطعاً مختلف ہے۔ ٹی وی دیکھنے والی نسل صرف دیکھنے اور سُننے کی عادی تھی، جب کہ آج بچے ایک ہی وقت میں اپنے حواسِ خمسہ کو یک سوئی سے استعمال کرتے ہیں۔ یہ گزشتہ دَور کے بچوں کی بہ نسبت اپنی تعلیمی سرگرمیوں

پر کم توجہ دے پا رہے ہیں۔ یہ اسکول سے آتے ہی اسمارٹ فونز میں محو ہو جاتے ہیں۔ کبھی ویڈیو گیمز کھیلتے ہیں تو کبھی کارٹونز دیکھتے ہیں اور ان سے دِل بھر جائے تو موسیقی سُننے اور دوستوں سے گپ شپ میں مصروف رہتے ہیں۔ ایک ہی چھت کے نیچے رہتے ہوئے والدین اور بہن بھائیوں سے لاتعلق، انہیں نہ کھانے پینے کی کوئی فکر ہوتی ہے نہ پڑھائی کی اور جب گھر سے باہر نکلیں گے تب بھی ارد گرد کے مناظر کو اشتیاق سے دیکھنے کے بجائے اسکرین ہی پر نظریں جمائے رکھتے ہیں۔ دو چار انچ کی اسکرین نے انسان کو اپنے ارد گرد کی دُنیا سے بے تعلق کر کے رکھ دیا ہے۔ ڈیجیٹل دنیا میں فحش مواد بھی پایا جاتا ہے جس کا دیکھا جانا آج کے معاشرے میں عام بات ہو چکی ہے۔ بچے، بڑے سب اس میں شامل ہیں۔ اخلاقی نشو ونما اور انسانی صحت کی بہتری کے لیے ان سے خود بچنا اور بچوں کو بچائے رکھنا ہر فرد کی ذمہ داری بلکہ یہ ایک معاشرتی ذمہ داری ہے۔ گھر کے ذمہ دار افراد کو اس پر توجہ دینا اور بالخصوص بچوں کی خبر گیری کرتے رہنا لازم ہے۔ رپورٹس کے مطابق دنیا کے کئی ملکوں میں تقریباً ۵۸ فیصد بچے فحش مواد دیکھتے ہیں۔ یونیسف کی ایک سالانہ رپورٹ کے مطابق دنیا میں انٹرنیٹ کا ہر تیسرا صارف بچہ ہے اس وجہ سے ان کے بہتر مستقبل کے لیے ان کو محفوظ آن لائن مواد فراہم کرنا اداروں کی ذمہ داری ہے اور حکومتی سطح پر اس کے اقدامات کیے جانے کی اشد ضرورت ہے۔

نیند اور بینائی کم ہونے کا خدشہ بھی اس ڈیجیٹل دنیا اور آلات کے استعمال کرنے کا ایک منفی نکتہ ہے۔ اسکرین سے خارج ہونے والی نیلی روشنی سے نیند کا دورانیہ کم ہو جاتا ہے۔ دماغ میلاٹونین نامی وہ ہارمون بنانا ترک کر دیتا ہے جو نیند کا سبب بنتا ہے۔ نیز، میلاٹونین کی مقدار متاثر ہونے سے ڈپریشن یا پژمردگی اور موٹاپے کا خدشہ بھی بڑھ جاتا ہے۔ دوسری جانب نیند کی کمی سے مثانے کے کینسر کے خطرات میں اضافہ ہو جاتا

ہے اور یادداشت پر بھی منفی اثرات مرتّب ہوتے ہیں۔ علاوہ ازیں، اسکرین سے خارج ہونے والی نیلی روشنی پردۂ چشم کو نقصان پہنچانے کی وجہ سے بینائی کے لیے تباہ کن ثابت ہوتی ہے۔ یوکرین میں ہونے والی ایک تحقیق کے مطابق، وائرلیس آلات سے خارج ہونے والی تاب کار شعائیں کینسر سے لے کر الزائمر اور رعشہ تک جیسے امراض کا سبب بنتی ہیں۔ یاد رہے کہ موبائل فون کا استعمال سب سے پہلے ناروے اور سوئیڈن میں شروع ہو تھا۔ ان ممالک میں ہونے والی ایک ریسرچ بتاتی ہے کہ موبائل فون سے خارج ہونے والی شعاعوں کا انسانی صحت سے گہرا ربط ہے۔ سوئیڈن میں ہونے والی ایک تحقیق سے پتا چلتا ہے کہ موبائل فون کے زیادہ استعمال سے کانوں کے آس پاس کینسر کے پھوڑے بننے کے مکانات کئی گنا بڑھ جاتے ہیں، جب کہ اسرائیلی سائنس دانوں کا کہنا ہے کہ موبائل فونز سے خارج ہونے والی برقی مقناطیسی لہریں مَردوں کو بانجھ پن میں مبتلا کر سکتی ہیں۔ ماہرین کے خیال میں موبائل فون کا ضرورت سے زیادہ استعمال آنکھوں، گردن، پٹھوں اور جوڑوں کے درد سمیت دماغی معذوری کا سبب بن سکتا ہے۔ ہانگ کانگ کی ایک یونیورسٹی میں ہونے والی تحقیق کے مطابق موبائل فون یا ٹیبلٹ کا مسلسل استعمال ہاتھوں، کلائیوں اور انگلیوں میں درد کا باعث بنتا ہے، جب کہ ایک ہاتھ سے موبائل فون استعمال کرنے والوں میں یہ شکایت عام ہے۔ نیز، گردن اور ریڑھ کی ہڈی بھی متاثر ہو سکتی ہے۔

۲۰۰۲ سے ۲۰۱۴ تک ۴۲ ممالک کے ۲ لاکھ بچوں پر کیے گئے عالمی ادارے کے سروے میں کہا گیا ہے کہ عموماً بچے دو گھنٹے سے زائد وقت ان ڈیوائسز کے ساتھ گزارتے ہیں جب کہ کمپیوٹر استعمال کرنے والے بچوں کی تعداد کے اعتبار سے اسکاٹ لینڈ سرِ فہرست ہے۔

دُنیا بھر کی طرح ایشیا میں بھی اسمارٹ فون کے استعمال میں تیزی سے اضافہ ہوا

ہے، جس کی وجہ سے شہری موبائل فون تک عدم رسائی کی صورت میں ہونے والی شدید پریشانی "نوموفوبیا" کا شکار ہو رہے ہیں۔ واضح رہے کہ سیلفی اِسٹک اور انواع و اقسام کی ایموجیز کی ایجاد سے ایشیائی ممالک میں اسمارٹ فون کی لت تیزی پھیل رہی ہے اور اس میں زیادہ تر نوجوان مبتلا ہیں۔

ایک برطانوی اخبار کی رپورٹ کے مطابق جو بچے موبائل فون کا استعمال کثرت سے کرتے ہیں یا اسکرین کو اپنی آنکھوں کے بہت قریب رکھتے ہیں ان میں بھینگے پن کے امکانات بہت زیادہ بڑھ جاتے ہیں۔ اس سلسلے میں کیے گئے ایک تجربے میں ماہرین نے چند بچوں کو روزانہ ۴ سے ۸ گھنٹوں تک اسمارٹ فون استعمال کرنے اور اسکرین کو اپنی آنکھوں سے ۸ سے ۱۲ انچ دور رکھنے کی ہدایت کی تو دو ماہ بعد ان میں سے اکثر بچوں میں بھینگے پن کی علامات ظاہر ہونا شروع ہو گئیں۔ بعد ازاں، جب ان بچوں کی موبائل فون استعمال کرنے کی عادت چھڑوائی گئی تو بھینگے پن کی علامات بھی ختم ہو گئیں۔ ماہرین کا کہنا تھا کہ صارفین کو ۳۰ منٹ سے زیادہ دیر تک موبائل فون کی اسکرین کو مسلسل نہیں دیکھنا چاہیے۔ سائنسی جریدے "انٹرنیشنل کارڈیالوجی" میں شائع ہونے والی تحقیق میں بتایا گیا ہے کہ ۲ سے ۱۰ برس کی عمر کے وہ بچے جو دن میں دو گھنٹے سے زائد وقت اسکرین کے سامنے یعنی ٹی وی، اسمارٹ فون یا ٹیبلٹ استعمال کرتے ہوئے گزارتے ہیں، ان کے خون کے دباؤ میں اضافہ ہو جاتا ہے اور ان میں ہائی بلڈ پریشر کا خطرہ دیگر بچوں کے مقابلے میں ۳۰ فی صد زیادہ ہوتا ہے۔ جب کہ دو گھنٹے سے زائد اسکرین ٹائم کے ساتھ غیر متحرک طرزِ زندگی رکھنے والے بچوں میں ہائی بلڈ پریشر کا خطرہ ۵۰ فی صد زیادہ ہوتا ہے۔ ریسرچ کے مطابق غیر متحرک طرزِ زندگی یا بیٹھے بٹھائے انجام دی جانے والی سرگرمیاں، جن میں ٹی وی دیکھنا، کمپیوٹر استعمال کرنا اور ویڈیو گیمز کھیلنا وغیرہ شامل ہیں، کئی افراد کو مختلف

قسم کی جسمانی و نفسیاتی مسائل کا شکار کر دیتی ہیں۔

ڈیجیٹل آلات کے متعلق سب سے اہم اور ضروری بات یہ کہ اس کے استعمال کے لیے وقت کا تعین کیا جائے تاکہ روز مرہ کے کاموں میں خلل پیدا نہ ہو ضروری کام متاثر نہ ہوں۔ استعمال جب بھی کیا جائے تو کچھ تعمیری اور تخلیقی صلاحیتوں کے ارتقاء کا اہتمام کیا جائے جیسے:

☆ غیر ضروری اور لایعنی چیزوں سے پرہیز کیا جائے۔

☆ جب کوئی اہم بات چیت ہو رہی ہو اور آپ لوگوں کے درمیان ہوں تب اگر کسی کو کوئی ضروری پیغام بھیجنا ہو تو اجازت لے کر دوسری طرف ہو جائیں۔

☆ یہ ہدایتیں گھر کے بڑے لوگوں کے لیے ہیں اگر بڑے عملاً یہ کر دکھائیں گے تب ہی یہ بات بچوں پر اثر انداز ہو سکتی ہے اور والدین کو چاہیے کہ وہ اپنے بچوں کی تربیت کے لیے ہمہ وقت فکر مند ہوں۔

***

ٹیکنالوجیکل تسلط کے خلاف جدوجہد

مجاہد الاسلام

اکیسویں صدی کی انفارمیشن اور کمیونیکیشن ٹیکنالوجیز نے 'عوامی اقتدار والی، مبنی بر انصاف دنیا' کے بے شمار خواب دکھائے۔ کمپیوٹر اور ٹیکنالوجیز کی آمد نے ہماری دنیا کو ایک صنعتی معاشرے سے ایک انفارمیشن معاشرے میں تبدیل کر دیا۔ اس نے کمپیوٹر کو اس قدر اثر پذیر بنا دیا کہ انفارمیشن نے مرکزی حیثیت حاصل کر لی۔ آج زندگی کے ہر شعبہ میں ہم انفارمیشن اور کمیونیکیشن ٹیکنالوجیز کے بغیر کچھ بھی تصور نہیں کر سکتے۔ کمپیوٹر اور انٹرنیٹ نے ہمیں ایک ایسی باہم مربوط دنیا فراہم کر دی ہے کہ جہاں زمان و مکان کا فاصلہ سکڑتا ہوا محسوس ہوتا ہے۔ مجازی اور حقیقی دنیا کی سرحدوں کو دھندلا کرتے ہوئے اس نے مابعد انسانی (Post Human) رجحانات کے ظہور کی شکل میں، خود ہم سے متعلق حقائق کو بڑی حد تک تبدیل کر دیا ہے۔

نیم مُوَصَلی ٹیکنالوجی مختصر کاری (Miniaturuzation) کی جانب دن بدن آگے بڑھتی رہی اور صنعتی معیار کی معیشت نے لاکھوں افراد کے ہاتھوں میں جادوئی موبائل فون فراہم کر دیا۔ ایسے موبائل فون کے ذریعے جو صارف کو ڈیجیٹل پلیٹ فارم مہیا کرتے ہیں اور سوشل میڈیا استعمال کرنے کے قابل بناتے ہیں، ڈیجیٹل ٹیکنالوجی جس سرعت رفتاری سے پھیلی ہے، وہ حیرت انگیز ہے۔ اس تبدیلی نے ایک ایسی دنیا کا وعدہ کیا تھا

جہاں ماقبل انٹرنیٹ عہد کی اجارہ داریاں ہوا میں اڑ جائیں گی اور نو آبادیاتی عہد کے برخلاف انفارمیشن اور تخلیق علم کے مواقع چند مراکز قوت تک محصور رہنے کے بجائے زیدہ سے زیادہ عوام کے ہاتھوں میں ہوں گے۔اسے تخلیقی تباہی (Creative Destruction)کا نام دیا گیا۔ کم از کم انٹرنیٹ کے موجدین نے تو ضرور ان ایجادات کے ذریعہ اس دنیا کے جمہوری کَرَن کا خواب دیکھا تھا۔

اسلام پسندوں نے بھی ان انفارمیشن اور کمیونیکیشن ٹیکنالوجیز میں متعدد مثبت پہلو دیکھے اور اپنے متقدمین، جنھوں نے گزشتہ صدیوں کی مواصلاتی ٹیکنالوجیز مثلاً طباعت، ریڈیو اور ٹیلی ویژن کے سلسلے میں متعدد اشکالات قائم کیے تھے اور اگر چہ بعد میں انہیں قبول بھی کر لیا تھا، کے برخلاف بلا کسی تردد اس میدان میں کود پڑے۔ اکیسویں صدی کے اسلام پسندوں نے عالمی طاقتوں، کارپوریٹس اور میڈیا ہاؤسس کے غلبہ یافتہ کنٹرول کو چیلنج کرنے کے لیے اسے ایک مضبوط ذریعہ اور طریقہ کے طور پر دیکھنا شروع کیا۔ ان نئی ٹیکنالوجیز میں موجود آزاد کرنے کی طاقت کے خیال کو عرب بہاریہ اور انتظامیہ مخالف دیگر تحریکوں نے تقویت بہم پہنچائی۔ متعدد ڈیجیٹل پلیٹ فارمس کی طرف سے انٹرنیٹ کی سہولت والے موبائل فون کے ذریعہ فراہم کردہ ان کثیر الانواع خدمات نے اُن افراد کی زندگیوں میں مزید آسانیاں پیدا کر دیں جو اِن آلات کے متحمل ہو سکتے تھے۔ آج ہم دیکھتے ہیں کہ مسلم دنیا تمام اقسام کی ڈیجیٹل ٹیکنالوجیز کا استعمال بھی بغیر کسی تامل کے کر رہی ہے، ساتھ ہی اسلام اور اس کے ذریعے پیغامِ اسلام کی اشاعت کی بات بھی کر رہی ہے۔ اسی طرح ہم دیگر اقوام، نظریات، سیاسی وابستگی رکھنے والے افراد میں بھی ڈیجیٹل ٹیکنالوجی کے حوالے سے ٹھیک ایسی ہی قبولیت دیکھتے ہیں۔

کیا انفارمیشن اور کمیونیکیشن انقلاب نے اس دنیا کو ایک بہتر جائے استقرار بنانے کا

جو وعدہ کیا تھا، وہ پورا ہو چکا ہے یا کم از کم دنیا اس منزل کی جانب پیش قدمی کر رہی ہے ؟

کیا اب دنیا پہلے سے زیادہ جمہوری ہے جس کی زمام اقتدار عوام کے ہاتھوں میں ہے ؟

کیا انفارمیشن اور علم پر گزشتہ صدی کی نو آبادیاتی اجارہ داری کے دن اب لد چکے ہیں ؟

کیا پیداوار اور استحصال کا سرمایہ دارانہ طریقہ اب ختم ہو چکا ہے ؟

کیا چند لوگوں کی مٹھی میں اقتدار کی کہانیاں اب قصہ پارینہ ہو چکی ہیں ؟

کم از کم سوشل میڈیا پر پھیلی ہوئی نفرت اور جعلی خبروں کو دیکھ کر تو یہ نہیں لگتا کہ حالات ویسے ہیں جیسا کہ وعدہ کیا گیا تھا۔ انفارمیشن پر مبنی اس معیشت (Information Economy) کے مارکٹ شیئر پر اب بھی چند مٹھی بھر بین الاقوامی کارپوریٹ کمپنیوں کا ہی قبضہ ہے۔ امیر اور غریب کے درمیان تفریق اور سماجی اخراج میں کوئی بہتری نہیں آئی ہے۔ بلکہ اس میں مزید اضافہ ہوا ہے۔ اس معلوماتی معیشت کے سپلائی چین (یعنی مصنوعات کن مراحل سے گزر کر صارف کے لیے دستیاب ہوتی ہیں) میں مزدوروں اور کمزوروں کے استحصال میں کوئی کمی نہیں آئی ہے۔ بلکہ اس میں بھی اضافہ ہی ہوا ہے۔

معلوم ہوتا ہے کہ ایسی کوئی بھی تبدیلی کہ جس کی محرک ٹیکنالوجی رہی ہو، کبھی ممکن نہیں رہی ہے۔ لہذا کیا ہمیں کسی بھی نئی ٹیکنالوجی جو ہماری زرعی، صنعتی اور معلوماتی دنیا کو تبدیل کرتی رہتی ہے، کے وعدوں پر اعتبار کرنے سے اب باز آجانا چاہیے ؟ یہ تمام ٹیکنالوجیز ایک ہی قسم کے وعدوں کے ساتھ ظہور پذیر ہوئی تھیں کہ اس دنیا کو ایک بہتر جگہ بنانا ہے۔ لیکن ان کے بام عروج پر پہنچ جانے کے باوجود ہمیں کوئی بہتری نظر نہیں آتی۔

اس سلسلے میں اسلام کا کیا موقف ہے ؟یا، آیا یہ سوال ایک مخصوص مذہب کے حوالے سے کوئی معنویت بھی رکھتا ہے ؟کم از کم ان کے لیے تو ضرور جو اسلام کو افکار و نظریات کے ایک ایسے مربوط نظام کے طور پر دیکھتے ہیں جو انسانی زندگی کے ہر شعبہ کے یے رہنمائی فراہم کرتا ہے۔ لیکن انفارمیشن اور کمیونیکیشن ٹیکنالوجیز کے ضمن میں مسلمانوں کا مباحثہ اس کے محض مفید یا مضر استعمال تک مرکوز رہا ہے۔ اگر آپ اس کا استعمال کسی اچھے مقصد کے لیے کر رہے ہیں تو آپ کو اس پر مزید غور وفکر کرنے کی کیا ضرورت ہے! لیکن کیا یہ معاملہ اسی قدر سادہ ہے ؟یعنی اگر آپ سوشل میڈیا پر موجود اچھی چیزوں کو لے رہے ہیں تو کیا آپ کا یہ عمل وہاں اسلام اور مسلمانوں کے خلاف موجود نفرت میں کچھ کمی کا ذریعہ بھی بن رہا ہے ؟ آخر کیوں کوئی جعلی خبر اصلی حقائق سے زیادہ تیزی سے پھیل جاتی ہے ؟

ہمارے ہاتھوں میں موجود موبائل فون کے سپلائی چین کے حوالے سے میں ایک مثال دوں گا۔ زیادہ تر موبائل فون بنانے کے لیے جن مختلف مواد کا استعمال ہوتا ہے ان میں سے اکثر افریقی کانوں سے درآمد کیے جاتے ہیں۔ ان کانوں کے مالک عسکری قائدین ہوتے ہیں جو ان کانوں میں کام کرنے والے مزدوروں کے تئیں سخت ظالم ہوتے ہیں۔ اس کے بعد یہ موبائل زیادہ تر ایشیائی پُر مشقت کارخانوں میں بنائے جاتے ہیں۔ یہاں بھی مزدوروں کا اس شکل میں استحصال ہوتا ہے کہ ان سے کام زیادہ لیا جاتا ہے اور محنتانہ کم سے کم دیا جاتا ہے۔ پھر سب سے زیادہ منافع مزدوروں کو نہیں بلکہ ان کمپنیوں کو جاتا ہے جو موبائل فون بناتی ہیں۔ کیا ہم کبھی اس پر اسلامی اخلاقی نقطہ نظر سے سوچتے ہیں ؟ کیا ہم ان موبائل آلات کی ارزاں قیمت کا سبب جانتے ہیں ؟اس کی ایک وجہ ایشیاء کے سستے مزدور ہیں۔ کیا اس طرح ہم اس استحصالی سلسلہ فراہمی کا حصہ نہیں بن

رہے ہیں؟ اگر ہم ان کا اچھا استعمال کرتے ہیں تو کیا اس سے اس سپلائی چین میں پھیلے ہوئے کارہائے گناہ ختم ہو جاتے ہیں؟

ڈیجیٹل پلیٹ فارمس کا جبر

اب ان انٹرنیٹ خدمات، جن کا استعمال ہم اپنے کمپیوٹر اور موبائل فون پر کرتے ہیں، کی طرف سے فراہم کردہ مفت خدمات کی مثال لیں۔ کیا وہ خدمات فی الواقع مفت ہیں؟ مثلاً گوگل اور فیس بک اپنی زیادہ تر خدمات ہمیں مفت میں فراہم کرتے ہیں۔ امریکی ماہر معاشیات ملٹن فرائیڈ من کا قول یاد رکھیں "مفت کا دعویٰ محض ایک فریب ہے۔"

ان ڈیجیٹل پلیٹ فارمس کا تجارتی ماڈل بھی بنیادی طور پر وہی ہے جو پہلے میڈیا ہاؤسس کا ہوا کرتا تھا یعنی اشتہار۔ اپنی مفت خدمات کے عوض وہ ہماری توجہ وصول کرتے ہیں۔ ہدف مرکوز اشتہار، پرانے میڈیا ہاؤسس کے مقابلے میں ان نئے ڈیجیٹل پلیٹ فارمس کے اشتہار کی حکمت عملی کا امتیازی پہلو ہے۔ یہ ڈیجیٹل پلیٹ فارمس ہمیں ہمارے پروفائل کے ذریعے اور جس انداز میں ہم ڈیجیٹل آلات کا استعمال کرتے ہیں، جو دراصل ہمارے ڈیجیٹل نقوش قدم (Digital Footprints) ہوتے ہیں، اس کی بنیاد پر ہم سے زیادہ سے زیادہ واقف ہونے کی کوشش کرتے ہیں۔ ہم انہیں اپنے بارے میں زیادہ سے زیادہ معلومات فراہم کرتے رہتے ہیں، اس سے ان ڈیجیٹل پلیٹ فارمس کو ہماری ممکنہ دلچسپیوں کا پتہ لگانے میں مدد ملتی ہے۔ اسی بنیاد پر وہ اپنی مصنوعات فروخت کرتے ہیں، تاکہ خرید و فروخت کا امکان بڑھ جائے۔ ان ڈیجیٹل پلیٹ فارمس کا بنیادی مقصد اپنے منافع میں زیادہ سے زیادہ اضافہ کرنا ہے۔ چناں چہ وہ اپنی خدمات کو حتی الامکان لَت آور بناتے ہیں۔ یہی وجہ ہے کہ یوٹیوب، فیس بک، ٹِک ٹاک وغیرہ اس قدر لَت آور ہیں۔ یہ تمام چیزیں ہمیں کہاں لے کر جاتی ہیں؟ میڈیا کی لَت میں گرفتار، خرید و

فروخت کے جنون میں مبتلا ایک انتہائی صارفیت پسند معاشرے کی طرف!

موجودہ ڈیجیٹل دنیا میں چیزوں کو جنس بازار بنا دینے کے متعدد پہلو ہیں۔ آپ مادی مصنوعات مثلاً کتابوں، ملبوسات اور غذاؤں کی خرید و فروخت آن لائن کرتے ہیں۔ دوسرے پہلو کا تعلق ٹکٹ بکنگ، بینکنگ، کرایہ کاروں، کرائے پر ہوٹل، ڈاکٹر سے ملاقات وغیرہ کی خدمات سے ہے۔ تیسرے پہلو کا تعلق اخبار، فنون، تفریح اور سوشل میڈیا کی قسم کی خدمات سے ہے۔ اگر کسی بھی کاروبار کے پیچھے اصل مقصد منافع میں زیادہ سے زیادہ اضافہ ہو، تو وہ لازماً سرمایہ دارانہ شکل اختیار کرلیتا ہے جہاں کبھی دولت کی منصفانہ تقسیم نہیں ہوگی۔

اس کے بعد کیا ہوتا ہے؟ ہم دوبارہ بڑی مچھلیوں کو چھوٹی مچھلیوں کو نگلتے دیکھنے لگتے ہیں۔ سرمایہ دارانہ طرز کا کاروبار مقامی تجارتی نظام کو ختم کر دیتا ہے۔ کیوں کہ سرمایہ دارانہ طرز کے کاروباری بہت بڑی سرمایہ کاری کرتے ہیں۔ وہ عوام کو رعایتی نرخ پر خدمات فراہم کرنا شروع کر دیتے ہیں۔ جس سے مختصر نوعیت کے کاروبار خسارے کا شکار ہو کر ختم ہو جاتے ہیں۔ یہی وجہ ہے کہ انفارمیشن معیشت میں منافع کی ایک بڑی شرح پر چند بین الاقوامی کارپوریٹس مثلاً گوگل، مائیکروسافٹ، فیس بک اور امیزون کا قبضہ ہو جاتا ہے۔ اس نظام سے وابستہ مزدوروں مثلاً ڈیلیوری بوائے، ڈرائیور اور دوسری قسم کے مزدوروں سے گفتگو کریں تو معلوم ہوگا کہ یہاں بھی اسی طرح سے استحصال جاری ہے جس طرح سے گزشتہ صنعتی معیشت میں موجود تھا۔

انفارمیشن اور علم کو جنس بازار بنا دینے کے نتیجے میں ایک ایسا معاشرہ وجود پذیر ہوتا ہے جس میں ہر انسانی کاوش کا واحد مطمح نظر 'زیادہ سے زیادہ فروخت کرنا' ہو جاتا ہے۔ فن اور ادب انسان میں موجود تخلیقیت کو دریافت کرنے کے لیے نہیں بلکہ بِکنے کے لیے وجود

میں آتے ہیں۔ علم اور تعلیم بھی ایک جنس بازار بن کر رہ جاتے ہیں۔ اخبار اور ذرائع ابلاغ کی خدمات کو کیا ہوتا ہے؟ خبروں کو ایسے انداز میں پیش کیا جاتا ہے جس کی بناء پر ناظرین کی تعداد میں اضافہ ہو۔ ایسا کیسے کیا جاتا ہے؟ اس طور پر کہ ان چیزوں میں تفریح کا مواد اور مرچ و مصالحہ کا اضافہ کر دیں۔ لالچ، نفرت، حسد، شہوت، کاہلی اور کذب و افتراء جیسی انسانی خصلتوں کا استعمال کریں اور خبر اور تفریح کو ایک ہی رنگ میں رنگ کر پیش کر دیں۔ آپ ان خصلتوں کو زیادہ تر میڈیا ہاؤس، فلموں، ویڈیو گیمز، نغمات وغیرہ میں سرایت پائیں گے۔ ان تمام چیزوں میں جس قدر تشدد، شہوت پرستی اور لالچ کا پہلو ہو گا اسی قدر وہ معروف و مقبول ہوں گی۔

سوشل میڈیا کی آمد نے ان تمام چیزوں کو نئی بلندی عطا کی۔ سوشل میڈیا میں صارف کو صرف لائک اور شیئر نہیں ملتے بلکہ پیسہ بھی ملتا ہے۔ جس کی وجہ سے ہر کوئی آڈیو اور ویڈیو کی شکل میں کچھ نہ کچھ مواد تخلیق کرنا چاہتا ہے۔ تاکہ زیادہ سے زیادہ اشاعت ہو اور زیادہ سے زیادہ فروخت ہو۔ لیکن یہ نظام ایسے ہیں کہ ان میں ہر کسی کو بہت کچھ حاصل نہیں ہونے والا ہے۔ لہذ آپ دیکھتے ہیں کہ ایسے لوگوں کی تعداد بہت کم ہے جو اپنے تخلیق کردہ مواد کے ذریعہ آمدنی بھی حاصل کرتے ہوں۔ ان تمام پلیٹ فارمس کے ساخت اور ڈھانچے دولت کی منصفانہ تقسیم کے لیے نہیں بنائے گئے بلکہ دولت کو چند ہاتھوں میں مرتکز کرنے کے لیے بنائے گئے ہیں۔ اسی لیے آپ دیکھتے ہیں کہ ڈیجیٹل دنیا کے باشندوں میں سے زیادہ تر کی حیثیت محض ایک صارف کی سی ہے۔

گوگل سرچ انجن 'ایک عظیم ڈیجیٹل ایجاد' کی مثال لیں۔ آج کل ہم کسی بھی چیز کی جانکاری کے لیے گوگل سے رجوع کرتے ہیں۔ کیا ہم نے کبھی سوچا ہے کہ یہ کیسے کام کرتا ہے؟ یہ بنیادی طور پر گوگل کے پیج رینکنگ الگورتھم (Page Ranking

(Algorithm) کے ذریعے تفویض کردہ ویب پیج کی درجہ بندی کی بنیاد پر کام کرتا ہے۔ سرچ کیے گئے کلیدی لفظ کے حوالے سے جس صفحہ (Webpage) کی رینکنگ جتنی زیادہ ہوگی سرچ کے نتائج میں وہ صفحہ اتنا ہی اوپر نظر آئے گا۔ لیکن ان صفحات کی درجہ بندی کی کیسے جاتی ہے؟ گوگل اسے صراحت کے ساتھ نہیں بتاتا۔ لیکن کچھ چیزیں تو معلوم ہیں۔ جیسے ایک صفحہ جتنی زیادہ مرتبہ وِزٹ کیا جائے گا اتنے ہی زیادہ اس کے نمبرات ہوں گے۔ ان سرچ نتائج میں آپ اسپانسر کی ہوئی لنکس بھی دیکھتے ہیں۔ یہ وہ ویب سائٹس ہوتی ہیں کہ جو گوگل کو رقم دیتی ہیں تاکہ گوگل انہیں اوپر دکھائے۔ بتدریج گوگل نے کون کسی خاص معلومات کے لیے کیا سرچ کر رہا ہے، اس کی بنیاد پر سرچ نتائج کو ذاتی دلچسپیوں پر مبنی بنانا شروع کر دیا ہے۔ یہ انفارمیشن کے متلاشی صارف کو اپنی پسند اور اپنے پس منظر کے مطابق نتائج حاصل کرنے میں مدد کرتا ہے۔ اور اس طرح سرچ کے تجربے کو مزید دوستانہ بناتا ہے۔ لیکن اگر ہم اپنے ذاتی رجحانات کے مطابق نتائج حاصل کرنا شروع کر دیں تو تنقیدی نظر کیسے پیدا ہوگی؟ کیا یہ مناسب علمی ماحول ہے جسے موجودہ نیٹ ورک سوسائٹی میں پیش کیا جا رہا ہے؟ کسی صفحے کو سب سے زیادہ وِزٹ کیا جانا اس ویب پیج کی صداقت کو نہیں ثابت کرتا۔ حالیہ مثال اسلاموفوبیا پر مبنی ویب سائٹس کی تھی جو کہ اسلام سے متعلق سرچ کرنے پر اوپر اوپر ظاہر ہو رہی تھیں۔ ان میں سے اکثر ویب سائٹس نے اسلام سے متعلق کذب وافتراء پر مبنی مواد بھر رکھا تھا، لیکن سرچ کرنے پر یہ اوپر اوپر کیسے نظر آتی ہیں؟ آسان سی بات ہے کہ ان ویب سائٹس کو زیادہ لوگوں نے وِزٹ کیا تھا، اور جس ویب سائٹ کو جتنا زیادہ وِزٹ کیا جائے گا اس کے نمبرات اتنے زیادہ ہوں گے۔ کیا اس قسم کے سرچ انجن پر مبنی علمی ماحول سے ہم اتفاق کرتے ہیں؟

ہمیں مشغول رکھنے کے لیے یہ تمام ڈیجیٹل پلیٹ فارمس، ہم جو کچھ کرتے ہیں اس کی سماعت، بصارت اور ادراک کے ذریعے، ہمیں زیادہ سے زیادہ جاننے کی کوشش کرتے رہتے ہیں۔ وہ ہمیں نئی ویڈیوز، کہانیوں، اخبارات، مصنوعات کے ذریعہ سوشل میڈیا سائٹس یا ڈیجیٹل آلات سے چپکائے رکھنے کی نت نئی ترکیبیں سوچتے رہتے ہیں۔ ڈوپامائن (ایک نامیاتی کیمیا ہے جو بطور ہارمون جسم اور دماغ میں مختلف اہم کام انجام دیتا ہے) کے اخراج کی مثال لے لیں جو ہمیں سوشل میڈیا پر حاصل ہونے والے لائک پر فوری خوشی کا احساس دلاتا ہے۔ اس کے ذریعے تعریف اور خوشی کا حاصل ہونا ایک فطری انسانی رجحان ہے۔ لیکن اس کی لت لگ جانا تشویش ناک ہے۔ اپنے منافع میں زیادہ سے زیادہ اضافہ کرنے کے لیے، یہ ڈیجیٹل پلیٹ فارمس ہمیں میڈیا کے استعمال کا عادی بنادیتے ہیں۔ اگر ہماری زندگی کی پسند و ناپسند اور اعمال دوسروں کے لائک اور تعریفوں سے طے ہونے لگیں، تو یہ ہمیں کس چیز میں تبدیل کرتا ہے؟ اس طرح ہم اپنا خود کا فلٹر بَبل (Filter Bubble) تخلیق کرتے ہیں اور انٹرنیٹ کے ذریعے فراہم کردہ وسیع ذخیرہ علم سے وابستہ ہونے کے باوجود تنقیدی سوچ، اختلاف رائے اور مکالمہ کے تمام دروازوں کو بند کر کے اپنے ہی خول میں بند رہتے ہیں۔ سائبر کلچر کا موجودہ قطبی اور منقسم مزاج اس بات کا بین ثبوت ہے کہ خود ہمارے اور ہمارے سماج کے ساتھ کیا غلط ہو رہا ہے۔ اپنی سماجی اور ملی زندگی سے منقطع ہو کر ہم اتنا زیادہ وقت ان ڈیجیٹل آلات پر گزار دیتے ہیں۔ سب سے بری بات تب ہوتی ہے جب ہم مکمل طور سے مجازی (Virtual) دنیا میں ہی جینے کے عادی ہو جاتے ہیں اور اسی نقطہ نظر سے حقائق کے بارے میں رائے قائم کرنے لگتے ہیں۔

ایک عام سوشل میڈیا پلیٹ فارم کی ٹائم لائن کے بارے میں سوچیں اور دیکھیں یہ

ہمیں کس طرف لے جارہی ہے۔پہلے ہم بڑی سرعت سے ایک پوسٹ سے دوسری پوسٹ کی طرف اسکرول کرتے رہتے ہیں۔ایک لمحہ میں ہم غمگین ہوتے ہیں،دوسرے لمحے میں خوش، تیسرے میں ہم قہقہہ لگارہے ہوتے ہیں، چوتھے میں ہم کچھ سوچنے لگتے ہیں اور یہ سلسلہ لگاتار چلتارہتاہے۔ایک پوسٹ سے دوسری پوسٹ کی طرف ہماری توجہ کی یہ تیز رفتار تبدیلی ہمیں اجازت نہیں دیتی کہ ہم کسی ایک چیز کے بارے میں کماحقہ سوچیں۔کیا یہ خسران توجہ (Attention Deficit) نہیں ہے؟اس کا اثر ہمارے دماغ اور نفسیات پر کیاپڑتا ہے؟ احساس ہمدردی کا فقدان ، بے حس بن جانا۔کیااب یہ حقیقت نہیں ہے کہ چوری، قتل، ہجومی تشدد، عصمت دری جیسے جرائم اب ہمیں بہت زیادہ بے چین نہیں کرتے؟ان سے ہمارا تعلق صرف مجازی دنیاتک محدود ہے اور یہ مجازی تعلق ہمیں غیر شعوری طور پر اس قدر منفعل کردیتاہے کہ ان کے سدباب کے لیے ہم لائک اور شیئر سے زیادہ کچھ کرنے پر آمادہ نہیں ہوتے۔ہماری ٹائم لائن، ہمارے لائکس اور ہماری آن لائن پیٹیشن ہمیں اس زعم میں مبتلارکھتی ہے کہ ہم کچھ نہ کچھ تو کر رہے ہیں۔

ملی بھگت والی سرمایہ داریت اور نگرانی کا مسئلہ

ان ڈیجیٹل میڈیا پلیٹ فارمس کے سرمایہ دارانہ رجحانات اور سیاسی شخصیات کے اقتدار حاصل کرنے کے عزائم نے ان دونوں کے درمیان ایک شیطانی تعلق پیدا کردیا ہے۔اسی کو ملی بھگت والی سرمایہ داریت (Crony Capitalism) کہتے ہیں۔ایسا معلوم ہوتا ہے کہ ان کے درمیان کی ملی بھگت 'عوام کے غیر محسوس کردہ مصائب' میں اضافہ کرنے کے لیے عمل میں آئی ہے۔'غیر محسوس کردہ مصائب' کا لفظ ہم نے اس لیے استعمال کیاہے کہ عوام کی اکثریت نے ٹیکنالوجیکل کنٹرول کی وجہ سے پیدا ہونے والے

خطرات کا ابھی تک ادراک نہیں کیا ہے۔ آج سوشل میڈیا کی وجہ سے ایک جعلی خبر اتنی طاقت وَر ہو چکی ہے کہ وہ فرقہ وارنہ فساد بھڑکا سکتی ہے، ہجوم کے ذریعے کسی کا قتل کروا سکتی ہے۔ اگرچہ سوشل میڈیا پوسٹس کو وائرل کرنے کے لیے کئی تکنیک تخلیق کی گئی ہیں، تاہم تحقیقات کا ماننا ہے کہ جعلی خبر کو پھیلانے میں انسانی عوامل زیادہ کارفرما ہیں۔ جعلی خبروں کے تیزی سے پھیلنے کی بڑی وجوہات میں سے ایک ان ڈیجیٹل پلیٹ فارمس کی تکنیکی ڈیزائن ہے۔ کوئی چیز جتنی زیادہ عام ہو گی، اتنا زیادہ انہیں منافع ہو گا، اور بد قسمتی سے جعلی اور غلط معلومات میں کچھ ایسی طاقت ہے کہ اس میں لوگ زیادہ دلچسپی لیتے ہیں اور یہ زیادہ پھیلتی ہے۔ یہ پلیٹ فارم انہیں عام کرنے کے زیادہ مواقع فراہم کرتے ہیں، اسی وجہ سے ہم دیکھتے ہیں کہ سائبر دنیا میں اس قدر نفرت اور فرقہ پرستی کا بول بالا ہے۔ چوں کہ ان پلیٹ فارمس پر آپ کسی بھی چیز کا اشتہار کر سکتے ہیں، سیاست داں بھی عوام میں خوف اور علاحدگی پسندی پیدا کرنے میں اپنا کردار ادا کر رہے ہیں، تاکہ اقتدار کی زمام کو اپنی گرفت میں رکھ سکیں۔ اب ان پلیٹ فارمس کا استعمال سیاسی شعبدہ بازی کے لیے بھی ہوتا ہے جو عوام کی سیاسی وسماجی نقطہ ہائے نظر پر اثر انداز ہوتی ہے۔ اور اس طرح عالمی سطح پر ڈیموکریسی پر خطرات کے بادل منڈلانے لگے ہیں۔ اورویلین اور ہکسالین مطلق العنان ڈسٹوپیا(Orwellian and Huxlian totalitarian dystopia)کا یہ اچانک ادراک اب ہمارے دروازوں پر بھی دستک دے رہا ہے۔ آدھار کارڈ کی شکل میں منفرد شناختی منصوبہ (Unique Identification Project) ایسے ہی ایک ڈسٹوپیا کی واضح مثال ہے۔ کیا ہم بتدریج 'نگراں ریاست' (Surveillance State) کی طرف منتقل نہیں ہو رہے ہیں؟

کیا ہم نے کبھی اس قسم کے ڈیجیٹل پلیٹ فارمس پر سوالات کھڑے کیے ہیں یا

آنکھ بند کر کے انہیں استعمال کرتے رہے؟ کیا اسلام ہمیں اس خون چوس لینے والے نگراں سرمایہ دارانہ نظام کا آنکھ بند کر کے حصہ بن جانے کی اجازت دیتا ہے؟ کیا اسلام کا تصور علم، تعلیم، فن اور ثقافت اس قدر مادی ہے؟ کیا اسلام اس قسم کے خسران توجہ، میڈیا کا اسیر ہونے کی حوصلہ افزائی کرتا ہے؟ اسی طرح راز داری کے مسئلہ کو لے لیں۔ کیا اسلامی اخلاقیات کسی قسم کی نگرانی کو پسند کرتی ہے؟ تو پھر کیسے ہم اس نظام پر کسی تشویش کا اظہار کیے بغیر اسے اجازت دیتے ہیں کہ خوب ترقی کرے۔ کم از کم یہ سوال ان لوگوں کے لیے تو ضرور اہم ہے جو اپنی جدوجہد کے ذریعے ظلم کے خلاف شب و روز صدائے احتجاج بلند کرتے رہتے ہیں۔ اگر ہم کسی تشویش کا اظہار کیے بغیر اسی نظام کی حوصلہ افزائی کر رہے ہیں، تو یہ سب ہم کو کس منزل سے ہمکنار کرے گا؟

ٹیکنالوجی سے منصوبہ بند احتراز

ایک اور مثال ٹیکنالوجیکل آلات سے منصوبہ بند احتراز کی لیں۔ آلات بنانے والی اکثر بڑی کمپنیاں زیادہ سے زیادہ فروخت کرنے کی حکمت عملی بناتی رہتی ہیں۔ اگر آلات زیادہ دن تک چلیں گے تو یہ مقصد کیسے پورا ہو گا؟ چنانچہ آلات کو اس طور پر بنایا جاتا ہے کہ وہ زیادہ دن تک نہ چلیں۔ ان میں معمولی سا نقص صارف کو اس قدر بھاری پڑتا ہے کہ وہ آلے کی مرمت کروانے کے بجائے ایک نیا آلہ خرید لینے کا فیصلہ کر لیتا ہے۔ مزید یہ کہ ان میں سے زیادہ تر آلات کی ڈیزائن کم سے کم معیاری، دوسرے آلات سے کم سے کم مطابقت رکھنے والی ہوتی ہیں۔ اس کی وجہ سے ہوتا یہ ہے کہ اگر آلے کا صرف ایک ہی پرزہ خراب ہو گیا ہو اور صارف صرف ناقص پرزے کو بدلنا چاہے تو وہ ایسا نہیں کر سکتا۔ وہ نیا خریدنے پر مجبور ہوتا ہے۔ ان آلات کے داخلی نظام کی پیچیدگی مستقل بڑھتی رہتی ہے تاکہ اگر صارف کسی خرابی از خود درست کرنا چاہے تو وہ نہ کر سکے۔ آلات کے نظام کی

پیچیدگی میں ہارڈ وئیر اور سافٹ وئیر دونوں شامل ہیں۔ نظام میں اس قسم کی پیچیدگی مختلف طریقوں سے ان کمپنیوں کی مدد کرتی ہے:

۱) چوں کہ آپ آلات کے کام کرنے کے طریقے سے واقف نہیں ہوتے اس لیے آپ خود اس کی مرمت نہیں کرتے، بلکہ نیا خرید لیتے ہیں۔

۲) اس کے اندر رکھے گئے نگرانی کے میکانزم کو آپ کبھی نہیں سمجھ پائیں گے، اس لیے نہ اس کو چیلنج کر سکیں گے اور نہ ختم۔ یہ میکانزم آپ کے ڈیجیٹل نقوش قدم کو زیادہ سے زیادہ بیچنے میں ان پلیٹ فارمس کی مدد کرتا ہے۔

۳) کوئی اور اس قابل نہیں ہوگا کہ اس ٹیکنالوجی کی نقل کر سکے یا ایجاد کر سکے۔ اس سے مسابقت ختم ہو جاتی ہے۔ اس لیے ان آلات کو بنانے والی کمپنیوں کے سامنے نئے کمپنیوں کا چیلنج کم سے کم ہو جاتا ہے۔

اسی طرح سے حیثیت جتانے کی علامات، فیشن کا شوق اور مشہور شخصیات کی نقالی کا عمل بھی بہت سارے لوگوں کو ان آلات کے نئے وَرژن خریدنے پر مجبور کرتا ہے۔ ان آلات کے نئے ورژن محض ظاہری تبدیلیوں کے ساتھ ہر سال بازار میں آتے رہتے ہیں۔ اسمارٹ فون کے معاملے میں بہت سے افراد بلا کسی ضرورت جدید تر آلات خریدتے ہیں۔ اس کا نتیجہ کیا ہوتا ہے؟ ایک طرف ان آلات کی مختصر زندگی کی وجہ سے بہت زیادہ ای-کوڑا (E-waste) پیدا ہوتا ہے، جس کے سپلائی چین میں بھی ہر مرحلہ میں استحصال کا عمل جاری رہتا ہے۔ دوسری جانب ان آلات کی زیادہ صنعت گری بڑے پیمانے پر کاربن فوٹ پرنٹ پیدا کرتی ہے جو کہ ماحول کو بری طرح متاثر کرتی ہے۔

یہاں بھی ہمارے صارفیت پسند رجحانات ہمیں اسی نظام کا حصہ بناتے ہیں جو عالمی سطح پر بہت زیادہ انتشار پیدا کرتا ہوا نظر آتا ہے۔ کیا ہم ان مسائل کو حل کرنے کے لیے

کسی ٹیکنالوجیکل آلہ کا استعمال کرنے سے پہلے اس کا تنقیدی جائزہ لیتے ہیں؟ یا ہم بھی بازار کے گمراہ کن نعروں مثلاً کتنا میگا پکسل ہے، پروسیسنگ پاور کتنی ہے اور بیٹری کا بیک اَپ کتنا ہے، وغیرہ کے دام میں آجاتے ہیں؟

حل کیا ہے؟

ہم جس ڈیجیٹل دنیا میں جی رہے ہیں، ہم نے اس کے صرف سیاہ رخ کو دکھایا ہے۔ کیا اس کے معنی یہ ہیں کہ ان سب میں اچھائی نام کی کوئی چیز ہی نہیں ہے اور ہر چیز مایوس کن ہے؟ بلاشبہ صالح افراد کسی بھی نظام میں مواقع تلاش کرنے کی کوشش کرتے ہیں اور اپنی آواز بلند کر رکھتے ہیں۔ یہی وجہ ہے کہ ان تمام ڈیجیٹل پلیٹ فارمس میں ہمیں بہت ساری اچھی چیزیں اور مثبت عناصر بھی ملیں گے۔ لیکن مسئلہ یہ ہے کہ آج کا باہم مربوط سماج مثبت پہلوؤں کے مقابلے میں منفی پہلو، محبت کے مقابلے میں نفرت اور سخاوت کے مقابلے میں لالچ زیادہ رکھتا ہے۔ لیکن ہمارا دعوی ہے کہ اچھی خاصی آوازیں اب بھی زندہ ہیں جو سرمایہ دارانہ ٹیکنالوجیکل ظلم و جبر کے خلاف مزاحمت کر رہی ہیں۔

کمپیوٹر اور انٹرنیٹ نے اپنے سفر کا آغاز معلومات اور علم کو عوام تک پہنچانے کے بڑے مقصد کے ساتھ کیا لیکن آہستہ آہستہ سرمایہ دارانہ رجحانات غالب آگئے اور ان میں ممکنہ اچھائیوں کے لیے سد راہ بن گئے۔ ایسا ہوتا رہتا ہے اور یہی وجہ ہے کہ نئی ٹیکنالوجی کے باب میں، انہیں آنکھیں بند کر کے قبول کر لینے کے بجائے ہمیں گہرے سوالات اٹھانے کی ضرورت ہے۔ محض ٹیکنالوجی کے اچھے اور برے استعمال کے بارے میں سوال کرنے سے اوپر اٹھ کر ہمیں مختلف تناظرات میں اس کی مناسبت اور موزونیت کا جائزہ بھی لینا چاہیے۔ کیا موجودہ سماج جس میں ہم رہتے ہیں، نئی ٹیکنالوجی کو اختیار

کرنے کے لیے تیار بھی ہے؟ کیا یہ فی الواقع عوام کے حق میں مفید ثابت ہو گی؟ اس کے پیچھے کون لوگ ہیں اور ان کے خفیہ مقاصد کیا ہیں؟ آج چوں کہ ٹیکنالوجی پر چند افراد کا قابو ہے، اس لیے وہ بڑی تعداد میں عوام اور وہ افراد جو اختلاف رائے رکھتے ہیں، ان کی پریشانیوں میں اضافہ کر رہے ہیں۔ ہمیں اس دام فریب میں نہیں پھنسنا چاہیے۔

اگر آپ بحث میں اسلامی اقدار شامل کریں گے، تو سرمایہ داریت، مزدوروں کا استحصال، رائے بنانے میں مجبوری، مطلق العنانیت، ماحول کا فساد، راز داری، انفعالیت، علم اور تعلیم، فن اور ثقافت کو جنس بازار بنا دینے کا عمل، صارفیت اور اصراف وغیرہ ایسے موضوعات ہیں جنہیں موجودہ ڈیجیٹل زندگی میں موضوع بحث بنانے کی ضرورت ہے۔ اسی طرح ضرورت ہے کہ ہم اپنے دائرہ مزاحمت کو وسعت دیتے ہوئے تکنیکی تحفظات کے ساتھ ظالم اور استحصالی تکنیکی طاقتوں کے خلاف بھی اپنی آواز بلند کریں۔ اسی کا نام تکنیکی مزاحمت ہے۔

میرا خیال ہے کہ ڈیجیٹل ٹیکنالوجیز کی خوبیاں صرف اسی وقت قابل فہم ہیں جب کہ ہمارا معاشرہ مشترکہ کم از کم اخلاقیات کا لحاظ کرنے پر متفق ہو۔ لہذا ہم جس مزاحمت کی بات کر رہے ہیں اس کی بناء مشترکہ اخلاقیات پر رکھی جانی چاہیے جہاں مختلف عناصر اپنے مذہب اور نظریات سے اخذ کردہ مختلف تصور ہائے اخلاق کے ساتھ یکجا ہوں۔

اگر ہم ڈیجیٹل مداخلت کی شکار اپنی زندگی میں اسلامی اخلاقیات کا اطلاق کریں تو اس کے پہلو میں ایسے گوناگوں ہدایات موجود ہیں جن کی بنیاد پر ہم اپنی زندگی بھی گزار سکتے ہیں اور اس ظلم کے خلاف مزاحمت بھی کر سکتے ہیں جو ٹیکنالوجی کے ذریعہ سے فروغ پا رہا ہے۔ ایک ایسا ظلم جو کسی مخصوص جغرافیائی حدود میں نظر نہیں آئے گا کیوں کہ یہ بادل کی مانند سیال ہے۔ لہذا ہمیں کیا کرنا چاہیے؟

۱) ہمیں سرمایہ داریت کے ذریعے فروغ دیے گئے ڈیجیٹل پلیٹ فارمس کے استعمال کو کم سے کم (Minimize) کرنا چاہیے۔

۲) ہمیں نگراں سرمایہ داریت (Surveillance Capitalism) کے خلاف عوامی مہمات شروع کرنا چاہیے اور اسے ختم کرنے کے لیے ضوابط اور پالیسی سازی کے لیے قانون سازوں کی ذہن سازی کرنا چاہیے۔

۳) مسابقت ختم کرنے، مختصر اور مقامی کاروبار کو ہضم کرنے کے سرمایہ درانہ رجحانات، جس کی مثال اُبر (Uber) اور امیزون (Amazon) جیسی کمپنیاں ہیں، کے خلاف ہمیں قانونی لڑائی لڑنی چاہیے۔

۴) ہمیں ایسے ڈیجیٹل آلات خریدنے چاہئیں جن کے سلسہ فراہمی میں کم سے کم استحصال ہوتا ہو۔

۵) ڈیجیٹل آلات تبھی خریدنا چاہیے جب کہ فی الواقع ان کی ضرورت ہو، محض فیشن کے اظہار کے لیے نہیں۔

۶) ہمیں اوپن سورس (Open Source) ہارڈ ویئر اور سافٹ ویئر کی حوصلہ افزائی کرنا چاہیے اور ملکیتی سافٹ ویئر کی حوصلہ شکنی۔

۷) ہمیں کم از کم ڈیجیٹل میڈیا کے باب میں بند اور کاپی رائٹ نالج کلچر کی حوصلہ شکنی کرنا چاہیے۔ تعلیم، اخبار اور تفریح کے مواد استفادہ عام کے لیے کھلے ہوئے ہونے چاہئیں۔ اس سے علم، فن اور ثقافت کی جنس سازی کو کم کرنے میں بڑی مدد ملتی ہے۔ ہمیں اپنے ڈیجیٹل نقوش قدم کو کم سے کم کرنا چاہیے۔ یعنی ہم ڈیجیٹل پلیٹ فارمس کا استعمال اس انداز میں کریں کہ وہ ہماری نگرانی نہ کرسکیں۔

۹) ہمیں متبادل ڈیجیٹل پلیٹ فارمس کا استعمال کرنا چاہیے جو زیادہ شفاف ہیں اور کو

آپریٹیو ماڈل پر چلتے ہیں۔

۱۰) ہمیں ان ڈیجیٹل پلیٹ فارمس کا استعمال کرنا چاہیے جس کے کاربن فوٹ پرنٹس کے اثرات ہمارے ماحول پر کم سے کم پڑیں۔

۱۱) ہمیں انٹرنیٹ کے ایک ایسے متبادل نظام کے لیے جدوجہد کرنا چاہیے جو زیادہ مقامی خود مختاری پر مبنی (Decentralized) ہو۔

۱۲) ہمیں ڈیجیٹل خواندگی (Digital Literacy) کا ایک ماحول پیدا کرنا چاہیے تاکہ عوام ٹیکنالوجیز کے صحیح استعمال سے واقف ہوں، اور ان سے وابستہ خطرات سے آگاہ ہوں۔

۱۳) ہمیں حقیقی (Real) اور مجازی (Virtual) دنیا میں توازن پیدا کرنا چاہیے۔ ملازمت کرنے کے لیے ہمیں ان کمپنیوں کا انتخاب کرنا چاہیے جو سماجی طور پر زیادہ ذمہ دار ہیں اور منافع حاصل کرنے کے سلسلے میں بہتر اخلاقیات کی پابند ہیں۔

***

سوشل میڈیا ڈس انفار میشن کا سبب بن رہا ہے

شہباز اکمل جندران

سوشل میڈیا اس وقت دنیا میں ابلاغ کا سب سے مؤثر ترین ذریعہ ہے۔ جس سے اربوں لوگ فائدہ اٹھا رہے ہیں۔ یہ کمرشل تقاضوں کو بھی پورا کرتا ہے اور اس کے ذریعے ہر قسم کی معلومات تک بھی آسان رسائی ممکن ہے۔ فیس بک، واٹس ایپ، ٹک ٹاک، ٹویٹر اور انسٹا گرام اس کے اہم پلیٹ فارم ہیں جو اربوں افراد کے استعمال میں رہتے ہیں۔ کہا جاتا ہے سوشل میڈیا انفار میشن اور ڈس انفار میشن کا بھی باعث ہے۔ وی لاگر اپنے یوٹیوب چینلز پر ایسی کہانیاں بیان کرتے ہیں، وہ کچھ کہہ جاتے ہیں جن کا حقیقت سے کوئی تعلق نہیں ہوتا۔ اس لیے سوشل میڈیا کے متعلق بہت سا ابہام پایا جاتا ہے۔ اس کے لیے ابھی تک کوئی ایسی قانون سازی نہیں ہوئی کہ قابل اعتراض پروگرام پیش کرنے والے یوٹیوبر یا دیگر ایپس پر کوئی قدغن لگائی جاسکے۔

سوشل میڈیا پر ایسی ویب سائٹس اور ایپلی کیشنز ہیں جو آپ کو دوسرے لوگوں سے رابطہ کرنے کی اجازت دیتی ہیں۔ اس میں نظریات، تصاویر اور ویڈیوز کا اشتراک شامل ہے۔ اس میں پیغام رسانی بھی ہو سکتی ہے۔ سوشل میڈیا کو تعلیمی اور پیشہ ورانہ مقاصد کے لیے بھی استعمال کیا جاسکتا ہے۔ مختلف گروپس اور فورمز میں شامل ہو کر آپ اپنی معلومات میں اضافہ کرسکتے ہیں۔ سوشل میڈیا تفریح کا بھی ذریعہ ہے۔ آپ اپنی پسند

کی ویڈیوز با آسانی ایک کلِک کر کے دیکھ سکتے ہیں۔ شعر و شاعری، ادب یا موسیقی کا انتخاب اور ترجیح آپ کی اپنی ہوتی ہے۔ سوشل میڈیا انسان میں تخلیقی صلاحیتوں کے بہتر اظہار کے لیے بھی راہ ہموار کرتا ہے۔ ہم اپنی رائے کو ان پلیٹ فارمز کے ذریعے مؤثر بنا کر پیش کر سکتے ہیں۔

آج کے اس جدید دور میں ٹیکنالوجی کے بغیر رہنا شاید ناممکن ہے اور اس میں سوشل میڈیا نے جو کردار ادا کیا ہے۔ وہ کسی سے بعید نہیں۔ تاہم جہاں اس کے فائدے ہیں وہاں نقصانات بھی بہت سے ہیں۔ سوشل میڈیا کے مثبت اور منفی اثرات، دونوں کے متعلق ہم ذیل میں اظہار خیال کریں گے۔

چند سال پہلے تک میں صحافت سے وابستہ تھا لیکن ایل ایل بی کیا تو وکالت سے وابستگی ہو گئی۔ اب کل وقتی وکالت کرتا ہوں۔ جس میں مجھے بعض مواقع ایسے بھی ملتے ہیں کہ کچھ بہتر اور اچھے کام کر سکوں۔ کسی اچھے مقصد کے لیے عدالتوں سے ریلیف حاصل کرنا اور ہیومن رائٹس کے لیے کام کرنا میری لاء پریکٹس کی اولین ترجیح ہوتی ہے۔

نور محمد مہر درخواست دہندہ کی حیثیت سے گزشتہ ہفتے میرے پاس آئے۔ سوشل میڈیا کی مختلف ایپس پر کچھ سوالات اٹھائے۔ ان کی یہ بات مناسب تھی کہ فیس بک، یوٹیوب، واٹس ایپ، ٹک ٹاک، انسٹاگرام اور ٹویٹر کے ذریعے جو بے ہودگی ہوتی ہے، ڈس انفارمیشن پھیلائی جاتی ہے۔ قانونی طور پر اُن کا تدارک ہو، تاکہ ان ایپس کے ذریعے ڈس انفارمیشن اور ولگر کانٹینٹ عام صارفین تک نہ پہنچ سکیں۔ جن کی تعداد اس وقت کروڑوں میں ہے۔

میں نے ساتھی وکیل ندیم سرور سے طویل مشاورت کے بعد لاہور ہائی کورٹ میں نور محمد مہر کی جانب سے سٹیزن پروٹیکشن ایکٹ رول ۵ کے تحت پٹیشن دائر کرنے کا فیصلہ

کیا اور دو روز کی تیاری کے بعد بڑے مؤثر اور مفصل انداز میں پٹیشن لاہور ہائی کورٹ میں دائر کر دی۔ جس کی سماعت جسٹس عابد عزیز شیخ کی عدالت میں ہوئی۔ دلائل سننے کے بعد عدالت نے حکومت کو نوٹس جاری کرتے ہوئے جواب طلب کر لیا ہے۔ رٹ پٹیشن میں بنیادی مؤقف یہ اختیار کیا گیا ہے کہ سوشل میڈیا ریگولرائزڈ نہ ہونے سے ولگر کانٹینٹ سوشل میڈیا پر عام ہیں۔ پٹیشن میں یہ بھی کہا گیا ہے کہ تمام ایپس کے دفاتر پاکستان میں ہونے چاہئیں تاکہ قابل اعتراض کانٹینٹ کا سد باب کیا جاسکے۔

اب ہم سوشل میڈیا کے مثبت اور منفی اثرات کا جائزہ لیتے ہیں۔

مثبت اثرات کی بات کریں تو اس سے سماجی روابط بڑھتے ہیں۔ یہ لوگوں کو ہمہ وقت اپنے عزیزوں، خاندان اور برادریوں کے ساتھ جڑے رہنے میں مدد فراہم کرتا ہے۔ یہ سماجی تعلقات کے ذریعے تنہائی کے احساسات کو دور کرتا ہے۔ یہ کسی بھی موضوع پر بروقت معلومات تک آسان رسائی دیتا ہے۔ سپورٹس، صحت اور دیگر موضوعات کی اپ ڈیٹس فراہم کرتا ہے۔ اس کے علاوہ تعلیم کے لیے بھی سوشل میڈیا کا اہم کردار ہے جبکہ منفی اثرات کی بات کریں تو اس کے ضرورت سے زیادہ استعمال سے صارف میں بے چینی، ڈپریشن یا خود اعتمادی میں کمی پیدا ہو سکتی ہے جو خطرناک صورت اختیار کر سکتی ہے۔

سونے سے پہلے سوشل میڈیا پر وقت گزارنا معمول کے آرام اور نیند میں خلل پیدا کر دیتا ہے جس سے مجموعی صحت متاثر ہوتی ہے۔ سوشل میڈیا غنڈہ گردی یا ہراساں کرنے کے ایک پلیٹ فارم کے طور پر بھی استعمال ہوتا ہے جس کا شکار کوئی بھی ہو سکتا ہے۔ دماغی صحت پر اس کے بڑے بُرے اور منفی اثرات مرتب ہوسکتے ہیں۔

واضح رہے کہ سوشل میڈیا کے استعمال میں توازن برقرار رکھنا، اس کے بُرے

اثرات سے بچنا انتہائی ضروری ہے۔ ورنہ بہت سے مسائل اور پریشانیاں لاحق ہو سکتی ہیں۔ سوشل میڈیا کا ذمہ دارانہ استعمال ہی وقت کی ضرورت ہے۔ سوشل میڈیا آج کے انسان کو وہ کچھ دکھارہاہے جس کا تصور بھی کچھ سالوں پہلے تک نہیں تھا۔ شعور کی آنکھ سے دیکھیں تو اس میں بہت کچھ بُرا بھی ہے جس سے ہماری سماجی اور اخلاقی اقدار تباہ ہو رہی ہیں۔ سوشل میڈیا ایسا آلہ ہے جو لوگوں کو اظہار رائے، تبادلۂ خیال، تصویر اور ویڈیو شیئر کرنے کی اجازت دیتا ہے۔ سوشل میڈیا سائٹس میں سے زیادہ تر لوگ فیس بک، ٹویٹر، یوٹیوب، گوگل پلس اور انسٹاگرام وغیرہ استعمال کرتے ہیں لیکن ہمیں یہ بات ہرگز نہیں بھولنی چاہیے کہ اگر ایک چیز کے فوائد ہیں تو اس کے نقصانات بھی موجود ہیں۔ ہم سوشل میڈیا سے اس بُری طرح جُڑ گئے ہیں کہ اب دن کا فارغ حصہ اسی سے وابستہ سرگرمیوں میں گزارتے ہیں۔ سوشل میڈیا ہمیں ایسی معلومات فراہم کرتا ہے جو نیشنل نیوز چینل فراہم نہیں کرتے۔ کسی واقعہ یا وقوعہ کی ایسی پکچر دکھائی جاتی ہے اور ایسی معلومات فراہم کی جاتی ہیں جن کا حقیقت سے کوئی تعلق نہیں ہوتا۔ نقصان یہ ہے کہ تحقیق سے پہلے ہی یہ خبر پوری دنیا میں پھیل جاتی ہے اور چرچا ہونے لگتا ہے۔

سوشل میڈیا کی کچھ ایسی سائٹس بھی ہیں جن پر ولگر کانٹینٹ کی تشہیر کی جاتی ہے۔ یہ ایسی سائٹس ہیں جو سماج میں برائیاں پھیلانے کا سبب بن رہی ہیں۔ فیک اکاؤنٹ کے ذریعے بھی کافی لوگ انتشار اور برائی پھیلاتے ہیں۔ لوگوں کو ان کے ذریعے گمراہ کیا جاتا ہے۔ یہ فیک اکاؤنٹ ہولڈر ملک سے باہر بھی موجود ہیں۔ اگرچہ ایف آئی اے سائبر کرائم ونگ ایسے جعلی اکاؤنٹس ہولڈرز کے خلاف کارروائی کا آغاز کرتا ہے لیکن ملک سے باہر ہونے کی وجہ سے ڈس انفارمیشن پھیلانے والے یہ لوگ پکڑ سے بچ جاتے ہیں۔ سوشل میڈیا پر ولگر کانٹینٹ کی بھی بہت بھرمار ہے۔ جس کا سدباب بہت ضروری ہے

ورنہ بہت دیر ہو جائے گی اور معاشرتی طور پر ہم ایک تباہ حال قوم بن جائیں گے۔

لاہور ہائی کورٹ میں اس حوالے سے رٹ پٹیشن تو دائر ہو چکی۔ حکومت سے بھی جواب طلب کر لیا گیا۔ اب دیکھتے ہیں کیا حکم صادر ہوتا ہے۔ حکومتی جواب کے بعد ہی تمام صورت حال سامنے آئے گی۔

***

سوشل میڈیا کا بہت زیادہ استعمال: ذہنی مسائل میں اضافہ

ڈان ہیلتھ ڈیسک

'آج میں بہت اچھی یا اچھا لگ رہا ہوں، کچھ سیلفی لے کر اب اسے فیس بک، انسٹاگرام اور ٹوئٹر پر بھی اپ لوڈ کر دیتی یا کر دیتا ہوں، اس سے مجھے ڈھیروں لائکس اور کمنٹس ملیں گے۔'

'آج میری پوسٹ پر اتنے کم لائکس کیوں ہیں؟ کیا میری تصویر اچھی نہیں؟'

ایسے خیالات ہر سوشل میڈیا استعمال کرنے والوں کے ذہن میں گردش کرتے ہیں، لیکن کیا آپ نے کبھی اپنی ذہنی صحت کے حوالے سے سوچا ہے؟

کیا آپ ہر وقت اداس، مایوس یا غصے میں رہتے ہیں یا آپ کو مستقل پریشانی یا کوئی خوف ستا رہا ہے؟

آپ اپنی ذہنی کیفیت کے متعلق کیسا محسوس کر رہے ہیں؟

یہ وہ سوالات ہیں جو ہمیں اپنے آپ سے کرنے چاہئیں۔

نوجوانوں میں ڈپریشن کا رجحان

یہ کوئی راز کی بات نہیں کہ نوجوان اور بالخصوص خواتین ڈپریشن کا شکار ہیں۔

یو ایس سینٹرز آف ڈیزیز کنٹرول اینڈ پریوینشن کی ایک رپورٹ میں ہائی اسکول جانے والے طلبہ کی ذہنی صحت پر تحقیق کی گئی، اس تحقیق میں یہ بات سامنے آئی کہ ان طلبہ کی ذہنی صحت انتہائی ناقص اور پریشان کن ہے۔

یہ تحقیقاتی رپورٹ فروری کے وسط میں جاری ہوئی اور اس کے اعدادوشمار ۲۰۲۱ پر مبنی ہے۔

سروے سے معلوم ہوا کہ ۵۷ فیصد نوعمر لڑکیوں میں ناامیدی اور مایوسی چھائی ہوئی ہے جبکہ نوعمر لڑکوں کی شرح ۲۹ فیصد تھی۔

رپورٹ میں بتایا گیا کہ تقریباً ۳ میں سے ایک نوعمر لڑکی نے خودکشی کی کوشش کرنے پر سنجیدگی سے غور کیا۔

واضح رہے کہ یہ تحقیق امریکا میں ہوئی ہے، پاکستان میں اعداد و شمار مختلف ہوسکتے ہیں۔

سوشل میڈیا کا زیادہ استعمال ذہنی صحت سے منسلک ہے؟

کیا آپ سوشل میڈیا بہت زیادہ استعمال کررہے ہیں؟ کیا ناقص جسمانی اور ذہنی صحت سوشل میڈیا کے زیادہ استعمال سے منسلک ہے؟ ان سوالات پر ماہرین اور سائنسدان اب بھی تحقیقات میں مصروف ہیں۔ البتہ زیادہ تر ماہرین اس بات پر اتفاق کرتے ہیں کہ سوشل میڈیا کا زیادہ استعمال بالخصوص بچوں کے ذہن پر منفی اثرات مرتب کرتے ہیں۔ سوشل میڈیا کا روزانہ استعمال، بے جا اسکرولنگ کرنا، فیس بک استعمال کرنا، دوسروں کے اسٹیٹس پر اپ ڈیٹ رکھنا، یہ عادات آپ کو بے چینی میں مبتلا کرسکتے ہیں۔ اگر آپ نوجوان ہیں تو ہو سکتا ہے کہ آپ ان ۳۶ فیصد نوجوان طبقے کا حصہ ہوں جو ڈپریشن یا کسی اور ذہنی مرض کے ساتھ خاموشی سے لڑرہاہے۔ اگر آپ واقعی یہ محسوس

کر رہے ہیں کہ آپ ڈپریشن کا شکار ہیں، رات بھر نیند نہیں آتی، زندگی کو جینے کی امید کھو رہے ہیں یا خودکشی کرنے کی خواہش ہوتی ہے تو قابلِ بھروسہ، سند یافتہ سائیکاٹرسٹ سے لازمی رابطہ کریں۔ آپ کو زکام ہو جائے یا کوئی اور بیماری ہو تو آپ کیا کرتے ہیں؟ ایک اچھے ڈاکٹر کے پاس جاتے ہیں تو پھر ذہنی بیماری کے ساتھ بھی یہی برتاؤ کریں۔

سوشل میڈیا سے وقفہ

ویلز کی سوانسا یونیورسٹی کی ایک تحقیق میں بتایا گیا کہ دن بھر میں سوشل میڈیا پر گزارے جانے والے وقت میں صرف ۱۵ منٹ کی کمی سے عمومی صحت اور مدافعتی افعال بہتر ہوتے ہیں جبکہ ڈپریشن کی شدت گھٹ جاتی ہے۔ تحقیق میں دریافت کیا گیا کہ سوشل میڈیا کے دورانیے میں ۱۵ منٹ کی کمی سے لوگوں کے مدافعتی افعال ۱۵ فیصد بہتر ہو گئے جس کے باعث موسمی نزلہ زکام، فلو اور دیگر بیماریوں کے کیسز میں کمی آئی۔ اسی طرح ان افراد کی نیند کا معیار ۵۰ فیصد بہتر ہو گیا جبکہ ڈپریشن کی علامات میں ۳۰ فیصد کمی آئی۔ محققین نے بتایا کہ جب لوگوں کی جانب سے سوشل میڈیا کا استعمال کم کیا جاتا ہے تو ان کی زندگیوں کے متعدد پہلوؤں میں بہتری آتی ہے۔

* * *

سوشل میڈیا کا بہت زیادہ استعمال اور کم عمر نوجوان

فاروق بانڈے

سوشل میڈیا کا بہت زیادہ استعمال کم عمر نوجوانوں کیلئے کیسا ہے؟ سٹڈی رپورٹ کے نتائج جان کر آپ حیران رہ جائیں گے۔ لندن میں شائع ایک تازہ ترین سٹڈی میں انکشاف کیا گیا ہے کہ سوشل میڈیا کا بہت زیادہ استعمال کم عمر نوجوانوں کیلئے نقصان دہ ہے۔ نوجوانوں اور بچوں میں شراب نوشی، منشیات کے استعمال، سگریٹ نوشی اور جوئے کو بھی سوشل میڈیا کی وجہ سے فروغ ملتا ہے۔ گلاسگو اور اسٹیر یتھ کلائیڈیو یونیورسٹی اور پبلک ہیلتھ اسکاٹ لینڈ کی ایک ٹیم نے ۱۰ سے ۱۹ سال کے نوجوانوں پر سوشل میڈیا کے اثرات کا جائزہ لیا ہے اس سٹڈی میں ۱۹۹۷ سے ۲۰۲۲ کے دوران کی گئی ۷۳ سٹڈیز کے ڈیٹا کا بھی معائنہ کیا گیا۔ اس سٹڈی سے ظاہر ہوا کہ شراب کے استعمال کے ۴۸ فیصد، منشیات کے استعمال کے ۲۸ فیصد اور سگریٹ نوشی کے ۸۵ فیصد واقعات کا تعلق روزانہ سوشل میڈیا کے استعمال سے ہوتا ہے۔

ریسرچرز نے دعویٰ کیا ہے کہ روزانہ سوشل میڈیا پر ۲ گھنٹے گزارنے والے کم عمر نوجوانون پر اس کے اثرات زیادہ شدید ہوتے ہیں۔ ریسرچرز کا کہنا ہے کہ سوشل میڈیا کا

مسلسل استعمال جنسی رویئے پر بھی منفی انداز میں اثر انداز ہوتا ہے جو لوگ روزانہ سوشل میڈیا کا پلیٹ فارم استعمال کرتے ہیں ان کے سماج دشمن سرگرمیوں میں ملوث ہونے اور جواء کھیلنے کے امکانات بھی بڑھ جاتے ہیں۔ سٹڈی رپورٹ میں کہا گیا ہے کہ نوجوانی میں قدم رکھنے والوں کو اس خطرے سے بچانے کیلئے تعلیمی، سرکاری، صحت اور تعلیمی شعبے کو احتیاطی تدابیر تجویز کرنی چاہئیں۔ اسی تناظر میں ہم نے سرینگر میں قائم ذہنی صحت ہسپتال (انسٹچیوٹ آف مینٹل ہیلتھ اینڈ نیورو سائنسز، IMHANS) میں تعینات ماہر نفسیات ڈاکٹر صباء یونس سے بات کی تو ان کا کہنا تھا کہ ہر نئی چیز اپنے فوائد اور نقصان کے ساتھ آتی ہے۔ سوشل میڈیا کے فوائد بھی ہیں لیکن اس کے اپنے نقصانات ہیں۔

سوشل میڈیا کسی فرد کی جسمانی اور ذہنی صحت کو متاثر کرتا ہے۔ اثر انداز کرنے والوں کے طرز زندگی کو دیکھ کر ایک فرد میں غیر مناسب اور غیر حقیقی توقعات پیدا کرتا ہے جو چڑچڑاپن، افسردگی، اضطراب کا باعث بن سکتا ہے۔ ان کا یہ بھی کہنا ہے کہ سوشل میڈیا پر تشدد دیکھنے سے PTSD ہو سکتا ہے۔ (پوسٹ ٹرومیٹک اسٹریس ڈس آرڈر (PTSD) ایک دماغی صحت کی حالت ہے جو ایک خوفناک واقعہ سے پیدا ہوتی ہے– یا تو اس کا تجربہ کرنا یا اس کا مشاہدہ کرنا۔ علامات میں فلیش بیکس، ڈراؤنے خواب اور شدید اضطراب کے ساتھ ساتھ واقعہ کے بارے میں بے قابو خیالات شامل ہو سکتے ہیں۔)

ان کا کہنا ہے کہ انسانی تعلقات، اور آمنے سامنے بات چیت تناؤ کو کم کرنے اور موڈ کو بہتر بنانے کے لیے جانا جاتا ہے۔ لیکن آج سوشل میڈیا کے تعلقات کو ذاتی تعلقات پر ترجیح دی جاتی ہے جس وجہ سے غیر ضروری توقعات بڑھ جاتی ہیں اور اس سے کسی فرد میں ذہنی اظطراب بڑھنے کا خطرہ ہوتا ہے جس وجہ سے کئی طرح کی ذہنی بیماریاں پنپ سکتی ہیں۔ سوشل میڈیا پر ہم وہ بھی دیکھتے ہیں جو حقیقت سے بعید ہے مگر اس میڈیا پر بار بار

ایسی چیزیں دیکھنے کی وجہ سے ہم ان پر شک تو کرتے ہیں مگر بالکل خارج بھی نہیں کر پاتے ہیں۔ ہم دیکھتے ہیں کہ اگر کسی شخص نے سوشل میڈیا پر کوئی پوسٹ کیا یا کوئی فوٹو یا ویڈیو ڈالا تو اس پر کئی طرح کے لوگ کئی کمینٹ کرتے ہیں۔ کبھی کبھی تو ایسے کمنٹ شائستگی کی تمام حدوں کو پار کر کے بیہودگی کی انتہا کرتے ہیں۔ اس قسم کے پوسٹ یا کمنٹس کی وجہ سے کچے اذہان پر منفی اثرات مرتب ہوتے ہیں اور وہ کسی کو بغیر جانے پسند یا ناپسند کرتے ہیں۔ سوشل میڈیا کی لت اور سوشل میڈیا سے محروم ہونے کا خوف کسی شخص کو ہر چند منٹ میں بغیر کسی اطلاع کے اپنا فون چیک کرنے یا پیغامات کا زبردستی جواب دینے پر مجبور کر سکتا ہے۔ ایک سوال کے جواب میں ڈاکٹر صباء کا کہنا تھا کہ:

آن لائن سماجی تعلقات صحت مند ہو سکتے ہیں لیکن ساتھ ہی کم عمر نوجوانوں پر اس کا منفی اثر بھی پڑ سکتا ہے۔ اس میڈیا پر سنسر شپ نہیں ہے، یہ نوجوان کیا دیکھتے ہیں اس پر کوئی پابندی نہیں ہے نہ اس پر ہے کہ وہ کس کے ساتھ بات چیت کرتے ہیں اور وہ کس قسم کے لوگ ہیں۔ لہذا، یہ صدمے، تشویش، ڈپریشن، اور خوف اور قانونی نقصانات سمیت منفی نتائج کا باعث بن سکتا ہے۔ ان کا کہنا ہے کہ سوشل میڈیا ایک ایسا پلیٹ فارم ہے جو آج تکلیف دہ افواہیں، جھوٹ اور بدسلوکی پھیلانے کے لیے استعمال ہوتا ہے جو اپنے شکار پر دیرپا جذباتی نشانات چھوڑ سکتا ہے۔ "ہم سبھی سوشل میڈیا سے متاثر ہو سکتے ہیں، لیکن کم عمر نوجوان، لڑکے اور لڑکیاں، سوشل میڈیا کے منفی اثرات کا زیادہ شکار ہیں ، وہ غنڈہ گردی کا سب سے زیادہ نشانہ بنتے ہیں۔ سائبر غنڈہ گردی بے چینی ڈپریشن سماجی تنہائی کا باعث بن سکتی ہے"

سوشل میڈیا پلیٹ فارم آجکل پیسہ کمانے کے لئے بھی استعمال ہوتے ہیں۔ پیسے کمانے کی دوڑ نے ان پلیٹ فارموں کو اس قدر پراگندہ کیا ہے کہ کچے ذہن ان کی چکا چوند

اور غیر اخلاقی طرز عمل سے متاثر ہو کر اپنے لئے نئی مشکلات پیدا کرتے ہیں۔ ایسے اور دیگر مواد سے سوشل میڈیا کے عادی بن جاتے ہیں۔ سوشل میڈیا کے عادی ہونے کا مطلب یہ ہے کہ آپ حقیقی زندگی اور خاندانی تعلقات سے محروم رہتے ہیں، اور ایک ایسے طرز زندگی کی طرف بڑھتے ہیں جو تنہائی، اختلافات اور تنازعات کی طرف جاتا ہے۔ آن لائن مواد کی مسلسل نمائش خود اعتمادی اور جسمانی امیج کو متاثر کرتا ہے۔ غیر حقیقی مواد سے کچے ذہین لاشعوری طور پر اپنے آپ کا موازنہ کرنا شروع کر سکتے ہیں، اور ویسا ہی بننا پسند کر سکتے ہیں جیسا کہ وہ دیکھتے ہیں۔ ایسے حالات ان میں بے چینی اور محرومی کا احساس پیدا سکتے ہیں۔ سوشل میڈیا میں موجود فلٹرز حقیقت کو مسخ کرتے ہیں، جس سے مسائل پیدا ہوتے ہیں۔

سوشل میڈیا کے مثبت پہلو بھی ہیں۔ ہم سب نے دیکھا کہ کووڈ کے دوران عام لوگوں تک معلومات پہچانے کا کام کس خوش اصلوبی سے اس میڈیا کے ذریعے کیا گیا۔ اس دوران طلباء نے بھی استعفادہ کیا۔ گھر سے باہر نکل نہ سکتے تھے مگر پیغام رسائی کا کام بہت ہی تیز اور فائدہ مند ثابت ہوا۔ "سوشل میڈیا نے کووڈ کے وقت دماغی صحت کو بچانے کا کام کیا۔ اگر ہم اس کے مثبت پہلوؤں پر توجہ مرکوز کرتے ہیں، تو یہ ہمیں پیاروں سے جڑنے اور بیداری بڑھانے میں بھی ہماری مدد کرتا ہے اور یہ معلومات کا ایک قیمتی ذریعہ ہو سکتا ہے۔ ہم دماغی بیماریوں سے متعلق کسی بھی علمی مواد تک رسائی حاصل کر سکتے ہیں۔ مختلف سوشل میڈیا اکاؤنٹس دماغی صحت اور اسے بڑھانے کے طریقہ کے بارے میں معلومات فراہم کرتے ہیں۔ "ڈاکٹر نے کہا۔ کیا ہم کسی نئی ایجاد، سوشل میڈیا کو روک سکتے ہیں؟ "نہیں ہم کسی بھی نئی سائنسی ایجاد کو روک نہیں سکتے ہیں۔ جہاں تک سوشل میڈیا کا تعلق ہے، یہ موسم کی طرح ہے۔ یہ ہر جگہ ہے۔ ہر وقت ہے، ہم اسے روک نہیں

سکتے۔ ہم اس سے بچ نہیں سکتے لیکن ہمیں محفوظ طریقے سے اس کا استعمال کرنے کی مہارت کو پیدا کرنے کی ضرورت ہے۔"ڈاکٹر صباء نے کہا۔

والدین کو چاہیے کہ وہ اپنے بچوں کو سوشل میڈیا کے اچھے اور برے بارے میں آگاہ کریں۔ ہم سب اس بات پر توجہ مرکوز کرتے ہیں کہ اس سے کیسے نمٹا جائے، لیکن جو چیز سکھانے کی ضرورت ہے وہ یہ ہے کہ دوسروں کو شرمندہ نہ کریں ہمیں بچوں کو یہ احساس دلانے کی ضرورت ہے کہ یہ ایک شخص کی مختلف خصوصیات ہیں اور ان میں سے کوئی بھی پہلو نارمل اور غیر معمولی کی وضاحت نہیں کرتا۔ جذباتی رد عمل، سماجی نوعیت، اور تعلیمی قابلیت میں انفرادی فرق کو بھی سکھایا جانا چاہیے۔ سوشل میڈیا کا محدود استعمال کرنے کی ترغیب کے ساتھ ساتھ سوشل میڈیا پر اثر انداز کرنے والوں کی ان دیکھی پیروی کرنے سے دور رکھنے اور پر تشدد ویڈیوز اور بالغ مواد دیکھنے سے منع کرنے پر آمادہ کرنے کے لئے اسکولوں وکالجوں میں سپورٹ گروپس بنائے جائیں جہاں مختلف موضوعات پر کھل کر بات کی جاسکے۔ یہاں پر نہ صرف والدین اور اساتذہ کا رول بنتا ہے بلکہ سماجی، مذہبی مبلغین، سرکار و غیر سرکاری تنظیموں اور سوشل میڈیا کمپنیوں کا بھی اہم رول بنتا ہے۔ آخر میں ہم یہی کہیں گے کہ کسی طرح کی بھی نئی ایجاد کو روکا نہیں جاسکتا ہے۔ اگر نئی سائنسی پیشرفت نہ ہو گی تو ترقی منجمند ہو گی جو کسی بھی طریقے سے انسانی بقاء کے لئے سود مند نہیں۔

***

سوشل میڈیا اور انسانی تقدسات کی پامالی

محمد علم اللہ

آج کے ڈیجیٹل دور میں سوشل میڈیا ہماری زندگی کا لازمی حصہ بن چکا ہے۔ اپنی نیوز فیڈ پر اسکرول کرنے، پوسٹس لکھنے، 'سوشل میڈیا' یا 'سماجی ذرائع ابلاغ' پر مسلسل فعال رہنے، کچھ نہ کچھ لکھنے، دوسروں کی تحریریں پسند کرنے، ان پر تبصرے کرنے، انھیں جانچنے پرکھنے اور اپنے رجحان کے مطابق نقطۂ نظر پیش کرنے کا ہم پر یہ اثر ہوتا ہے کہ ہم خود کو بہت اہم سمجھنے لگتے ہیں۔ ہمیں لگتا ہے کہ اس کائنات کی حرکت ہمارے لکھنے، پڑھنے اور متحرک رہنے سے ہے۔

یہ اثر اتنا خفیف ہوتا ہے کہ ہمیں اس کی خبر تک بھی نہیں ہوتی۔ لیکن یہ اثر بہت گہرائی تک پہنچ چکا ہوتا ہے، اتنی گہرائی تک کہ اس کی وجہ سے ہمیں کسی بھی وقت دھچکا لگ سکتا ہے۔ ہمیں اس وقت اس کا پتہ لگتا ہے جب ہم اچانک 'سوشل میڈیا' سے دور چلے جاتے ہیں۔ اس وقت ہمیں ایک دھچکا سا لگتا ہے اور یہ احساس ستاتا ہے کہ ہم بے دست و پا اور بے سہارا رہ گئے ہیں۔

سوشل میڈیا کے ایک معروف پلیٹ فارم فیس بک پر بہت سے ایسے لوگ ہیں جن کے ساتھ وقت گزارنا اور تبادلہ خیال کرنا ہمیں اچھا لگتا ہے۔ ہمیں لگتا ہے کہ ہمارے ارد گرد کے بہت سے لوگ پڑھے لکھے اور عقل و دانش والے ہیں۔ وہ بدلتی ہوئی دنیا کو

سمجھنے کی کوشش کر رہے ہیں اور اپنے اپنے طریقوں اور ذرائع سے مسلسل متحرک رہتے ہیں۔ کئی لوگ ایسے بھی ہوتے ہیں کہ ان کی اپنی دنیا اور زندگی اتنی خوب صورت اور منظم نہیں ہوتی جتنی وہ یہاں پیش کرتے ہیں۔ میں اسے سراسر غلط نہیں سمجھتا۔ اگر کوئی اس سے گزرتا ہے اور بہتر بننے کی کوشش کرتا ہے تو کیا حرج ہے؟

سوشل میڈیا پر وقت گزارنے کا مطلب صرف یہی نہیں ہوتا کہ ہم خود کو متحرک اور فعال رکھنا چاہتے ہیں اور ملک و ملت کے حالات سے نہ صرف باخبر رہنا چاہتے ہیں بلکہ اس کی ایک وجہ یہ بھی ہوتی ہے کہ ہم میں سے کئی افراد خود کو معاشرے سے الگ تھلگ محسوس کرتے ہیں اور فیس بک، ٹویٹر، انسٹاگرام جیسے سوشل میڈیا پلیٹ فارمز پر زیادہ سے زیادہ وقت گزارتے ہیں تاکہ خود کو معاشرے سے جوڑ کر رکھ سکیں۔ برائی یا حرج تو اس میں بھی کچھ نہیں ہے تاہم یہ اس لحاظ سے ضرور برا ہے کہ ہم اپنے دوستوں، پڑوسیوں اور رشتہ داروں کو نظر انداز کرتے ہیں اور ہماری جسمانی سرگرمی (فزیکل ایکٹیویٹیز) دن بہ دن گھٹتی جارہی ہے۔

ایک نئی تحقیق کے مطابق سوشل میڈیا پر بہت زیادہ وقت گزارنے کی وجہ سے صورت حال مزید خراب ہو سکتی ہے۔ سوشل میڈیا نوجوانوں میں ڈپریشن میں اضافہ کر رہا ہے۔ فیس بک ڈپریشن کا خطرہ ۷ فی صد تک بڑھاتا ہے، فیس بک چڑچڑاپن کا خطرہ ۲۰ فی صد تک بڑھا دیتا ہے۔ سوشل میڈیا نے موٹاپے، بے خوابی اور کاہلی کے مسائل میں اضافہ کر دیا ہے، تحقیق کے مطابق سوشل میڈیا کے زیادہ استعمال سے خودکشی کی شرح میں اضافہ ہوا ہے۔ انسٹاگرام لڑکیوں میں احساس کمتری پیدا کر رہا ہے۔

گزشتہ دہائی میں سوشل میڈیا کے ذریعے چیکنگ اور سکرولنگ ایک مقبول سرگرمی بن گئی ہے۔ زیادہ تر لوگ سوشل نیٹ ورکنگ سائٹس کے عادی ہونے کی وجہ سے سوشل میڈیا کا استعمال کر رہے ہیں۔ درحقیقت، سوشل میڈیا کی لت ایک طرز عمل کی

لت ہے جس کی خصوصیت سوشل میڈیا کے بارے میں حد سے زیادہ فکر مند ہونا، سوشل میڈیا پر لاگ ان کرنے یا استعمال کرنے کی بے پناہ خواہش ہے اور سوشل میڈیا پر اتنا وقت صرف کرنا ہے جو زندگی کے دیگر اہم شعبوں کو متاثر کرتا ہے۔

اس وقت بڑوں سے لے کر بچوں تک کے لیے فون ضروری ہو گئے ہیں۔ بچوں کی تعلیم بھی آن لائن ہو رہی ہے۔ ایسے میں بچے فون پر زیادہ وقت گزارتے ہیں۔ فون کے زیادہ استعمال کی وجہ سے بچے سوشل میڈیا کے عادی بھی ہو رہے ہیں۔ سوشل میڈیا کے نشے کی وجہ سے بچوں کی نیند متاثر ہو رہی ہے۔ بینائی بھی کم زور ہو جاتی ہے۔ نیشنل انسٹی ٹیوٹ آف ہیلتھ کی ایک رپورٹ میں واضح کیا گیا ہے کہ اگر کوئی بچہ ایک ہفتے تک مسلسل سوشل میڈیا کا استعمال کرتا ہے تو وہ ایک رات تک کی نیند بھی کھو سکتا ہے۔ اکثر بچوں کے ساتھ ایسا ہوتا ہے کہ جب وہ سوشل میڈیا کا استعمال کرتے ہوئے سوتے ہیں تو آنکھیں بند کرنے کے بعد بھی ان کے ذہن میں وہ چیزیں چلتی رہتی ہیں جو انھوں نے دیکھی اور سنی ہوتی ہیں۔

سوشل میڈیا کی لت ایک طرز عمل کی خرابی ہے جس میں نوعمر یا نوجوان سوشل میڈیا کی طرف راغب ہو جاتے ہیں اور واضح منفی نتائج اور سنگین خرابیوں کے باوجود آن لائن میڈیا کو کم کرنے یا بند کرنے سے قاصر ہوتے ہیں۔ اگرچہ بہت سے نوجوان روزانہ کی بنیاد پر آن لائن میڈیا کی کسی نہ کسی شکل میں مشغول رہتے ہیں (بشمول فیس بک، انسٹاگرام، ٹویٹر، یوٹیوب، وائن، سنیپ چیٹ، اور ویڈیو گیمز)، نوعمر بچوں کے لیے سوشل میڈیا کی لت انتہائی خطرناک ہے۔

ایک رپورٹ کے مطابق دنیا میں ہر پانچواں نوجوان یعنی تقریباً ۱۹ فی صد نوجوانوں نے ایک سال کے اندر کسی نہ کسی کھیل میں پیسہ لگایا ہے۔ اس میں وہ زیادہ تر آن لائن سٹے بازی کا شکار ہوئے ہیں۔ آج کے دور میں سوشل میڈیا کا حد سے زیادہ استعمال نہ

صرف نوجوانوں میں خود اعتمادی کو کم کر رہا ہے بلکہ تنہائی کے احساس میں بھی اضافہ کر رہا ہے۔ یہی وجہ ہے کہ مایوسی اور اضطراب میں بھی اضافہ ہوا ہے۔ اگرچہ سوشل میڈیا پر تمام طبقوں کی سر گرمی میں اضافہ ہوا ہے لیکن نوجوان سب سے زیادہ متاثر ہو رہے ہیں۔

یہاں تک کہ نوجوانوں میں خود کشی کا رجحان بھی بڑھ رہا ہے۔ طویل عرصے تک سوشل میڈیا پر رہنے سے ذہنی صحت پر منفی اثرات مرتب ہو رہے ہیں۔ ایسے معاملوں میں ۱۵ سے ۴۵ سال کی عمر کے افراد کے معاملے زیادہ رپورٹ ہو رہے ہیں۔ جس کی وجہ سے نیند کی کمی کے ساتھ ساتھ کام کرنے کی صلاحیت بھی متاثر ہوتی ہے۔ آج کا دور موبائل، لیپ ٹاپ جیسے گیجٹس کے بغیر نامکمل ہے۔ ایسے میں آپ اپنی ذہنی صحت کا خیال رکھ کر اور کچھ تدابیر اختیار کر کے سوشل میڈیا کی لت سے بچ سکتے ہیں۔

آج ہم میں سے زیادہ تر لوگ سوشل میڈیا کے عادی ہیں۔ چاہے اسے دوستوں اور رشتہ داروں سے رابطہ قائم کرنے یا ویڈیوز دیکھنے کے لیے استعمال کریں، سوشل میڈیا ہم میں سے ہر ایک کے لیے ایک جانا پہچانا طریقہ ہے۔ ٹیکنالوجی اور اسمارٹ ڈیوائسز کے غلبے والی دنیا میں نیٹ فلکس یا فیس بک پر اسکرول کرنا اور گھنٹوں کے حساب سے وقت ضائع کرنا ان دنوں بہت عام بات ہے۔ سوشل میڈیا کی لت کے بارے میں مطالعے سے پتہ چلتا ہے کہ یہ ذہنی صحت کے مسائل کا باعث بن سکتا ہے جیسے خود اعتمادی میں کمی، احساس تنہائی، افسردگی اور اضطراب وغیرہ۔

دانستہ یا نادانستہ، یہاں لکھتے ہوئے ہم اپنی ایک ایسی تصویر بنا رہے ہوتے ہیں جس سے یہ احساس قوی ہوتا ہے کہ ہم سب سے بہتر، سلجھے ہوئے اور نمایاں انسان ہیں۔ حالانکہ یہ رویہ دنیا کے لیے نہیں ہمارے لیے مہلک اور جان لیوا ہے، یعنی ہم خود کو دھوکہ دے رہے ہوتے ہیں اور اس کا براہ راست اثر ہماری حقیقی زندگی پر پڑتا ہے۔ حقیقی زندگی میں ہم ہر قسم کی کمزوریوں اور خامیوں کے ساتھ موجود رہتے ہیں۔ جب کہ

سوشل سائٹس پر ہم صرف اپنی خوبیوں کے ساتھ ہی موجود ہوتے ہیں، جن میں سے بعض فرضی اور امکانی بھی ہو سکتی ہیں۔

ایسی صورت حال میں ضروری ہے کہ ہم اس 'آن لائن' دنیا سے 'غیر حاضر' ہو کر بھی سوچیں اور اسی آپسی تعاون اور میل جول والی زندگی کے دامن کو تھامے رہیں جس کے چھوٹ جانے سے سب کچھ درہم برہم ہو کر رہ جاتا ہے۔ اپنے آپ کو اہم اور غیر معمولی سمجھ کر خود کو بچائے رکھنے سے بڑھ کر کوئی اہم کام نہیں ہو سکتا۔ باقی کلکس، ہٹس، لائکس، شیئرز، وائرل اور ٹرولز وغیرہ ان سب کی ایک منصوبہ بند معاشیاتی حکمت عملی ہے۔ غور طلب بات ہے کہ ہماری بے ضرر اور معصوم سی سرگرمیوں سے بھی لوگ پیسہ کمارہے ہیں، اسی لیے وہ ترغیب دیتے ہیں اور زیادہ سے زیادہ لوگوں کو سوشل سائٹس سے جوڑنے کی بھرپور کوشش کرتے رہتے ہیں۔ ہمیں اس حوالے سے بھی ٹھوس مطالعہ کرنے کی ضرورت ہے۔ تاکہ ہم دانستہ یا نادانستہ دوسروں کے آلۂ کار نہ بنیں۔

سوشل میڈیا نے ہمارے باہم بات چیت کرنے کے طریقے کو تبدیل کر دیا ہے اور یہ نام نہاد بھرم بھی پیدا کر دیا ہے کہ سوشل میڈیا وقت کی سب سے اہم ضرورت ہے۔ اس دام فریب سے بچنے کے لیے ہمیں یہ یاد رکھنے کی ضرورت ہے کہ ہماری آن لائن شخصیت ہماری حقیقی زندگی کی شناخت کا متبادل نہیں ہے اور جب سوشل میڈیا کے استعمال کی بات آتی ہے تو ہمیں اپنے لیے صحت مند حدود کا تعین کرنا چاہیے، ہمیں یہ یاد رکھنا چاہیے کہ سوشل میڈیا پر ہماری مصروفیات کا دوسروں پر کیا اثر پڑے گا۔

***

جنونِ خریداری: ایک نفسیاتی بیماری

ڈاکٹر خان مبشرہ فردوس

"پیسوں کا قانون جان لو تو دعا دو گے، نیا موبائل فون آپ کو صرف دو ماہ خوشی دے گا، نئی گاڑی آپ کو چھ ماہ خوشی دے گی، نیا لباس آپ کو پہلی مرتبہ پہننے تک خوشی دے گا، لیکن اگر چاہتے ہیں کہ خود کو محتاجی کی حالت سے بچائیں، دوسروں سے مدد مانگنے کی نوبت سے اہل خاندان کو محفوظ رکھیں، تو پیسے کی بچت اور اسے اچھی جگہ انویسٹ کرنا عقل مندی ہے۔ پیسے کو خرچ کرنا ایسا ہی ہے جیسے اپنے پاس کے نقد پیسوں کو لاحاصل چیزوں پر خرچ کرنا۔" ایک ویڈیو میں ایک کوچ نوجوان بچوں سے خطاب کر رہا تھا۔

بہت حد تک یہ بات درست ہے۔ جو بھی چیز ہم خریدتے ہیں، جو غیر ضروری ہو، وہ کچھ عرصے بعد کوڑا کرکٹ بن جاتی ہے۔ ضروری چیز کو خریدنا ناگزیر ہو تو بلاشبہ خریدنا چاہیے، لیکن شاپنگ دن بہ دن ایک فیشن اور ایک اسٹیٹس سمبل بنتا جارہا ہے۔ خصوصاً خواتین میں شاپنگ میں بے دریغ پیسہ خرچ کرنا ایک نفسیاتی مرض کی شکل اختیار کر چکا ہے۔

شاپنگ چاہے روایتی بازار سے ہو، یا آن لائن شاپنگ کا جنون ہو، یا شاپنگ مال میں شاپنگ کی جارہی ہو، شاپنگ مال کا سسٹم ہی کچھ اس طرز کا ہوتا ہے کہ وہاں انسان سامان سے پیسوں کو بدلنے پر تیار ہو جاتا ہے، جیسے کسی نے دماغ کو ہائی جیک کر لیا ہو، ضروری چیز

تو پرے ہو جاتی ہے انسان غیر چیزوں کا انبار اٹھالیتا ہے اور اگر پیسوں کی مجبوری کی وجہ سے اس چیز کو رکھ بھی لے تو ایک حسرت اس سے جڑ جاتی ہے، اور انسان بعد کے لیے من ہی من منصوبہ بنالیتا ہے۔ بچے ساتھ ہوں تو یوں سمجھیں کہ بچوں کی خوشی کے لیے چیزیں خریدنا مائیں فرض اولین سمجھ لیتی ہیں۔ نفسیاتی اعتبار سے ایک صارف کے دماغ کو اپنے آپ آمادہ کرنے کی خاص جگہ شاپنگ مال ہے، انسان کی نفسیاتی کامس یوز جتنا شاپنگ مال میں ہوتا ہے، کہیں نہیں ہوتا۔

چکاچوند ایسی ہوتی ہے کہ اپنے وارڈروب میں موجود کپڑے بندے کو یاد نہیں آتے، ہر چیز پرانی اور خستہ نظر آتی ہے۔ کاؤنسلنگ کے دوران شوہر جب بیوی کی شاہ خرچی کی شکایت کرتے ہیں تو ان خواتین کو ملال بھی ہوتا ہے اور ساتھ ہی شوہر کی کنجوسی کی وہ شاکی بھی ہوتی ہیں، اس کلچر نے ہر گھر میں خاموشی کے ساتھ فساد ڈال رکھا ہے۔ یہی نہیں، شاپنگ مال میں اگر کوئی مضبوط خاتون بچ بھی جائے تو بچے ان کے مخالف باتیں کرنے لگتے ہیں کہ مما تو ہر چیز سے روکتی ہیں، پرانے زمانے کی ہیں۔

رہی سہی کسر انسان میں شکر گزاری کو ختم کرکے آماجگاہ حسرت بنادینے میں ایسے Vlog رول پلے کرتے ہیں، جو خواتین کو خوب صورت گھر، کچن اور ڈرائنگ روم کے نئے ڈیکوریشن کے ساتھ بنائے ہوئے نت نئے ڈیزائن دکھلاتے رہتے ہیں۔ ان سب چیزوں کو دیکھنے کے بعد بندے کو حقیقی دنیا سے زیادہ وہی مصنوعی دنیا سرور دیتی ہیں۔ پچھلے دنوں کالج میں کچھ بچیوں نے والدین کی شکایتوں کا پلندہ کھولا، اس میں اہم یہی بات تھی کہ چیزیں نہیں بدلتے، پرانے سامان سے انھیں آبسیشن ہے، گھر کو ڈیکور کرنے مزاج نہیں ہے، ہر وقت پیسوں کا رونا روتے ہیں۔ یہ شکایت نہیں تھی، بلکہ ایسے ولاگ دیکھ کر بچے شکر گزاری، والدین کا احترام سب بھول کر ان کے مد مقابل شاکی بن کر

کھڑے ہو جاتے ہیں۔

آن لائن شاپنگ بھی کچھ اسی طرح سے انسانی دماغ کو ماؤف کر دیتی ہے۔ ہم جو بھی ڈیوائس یوز کر رہے ہیں، اس کا الگورتھم اس طرح ہوتا ہے: ہماری عمر، دل چسپی، پسند ناپسند، فرینڈ لسٹ، ان کا ٹرینڈ، ان کی آن لائن شاپنگ، آرڈر لسٹ؛ یہ مل کر ایک ماحول بنا لیتے ہیں اور سوشل میڈیا کے ذریعہ اسی طرح کے کمرشیل ایڈز ہمارے دماغ کو ہائی جیک کر لیتے ہیں۔ اسی طرح کا ایڈ سامنے آتا ہے اور ایک صارف کے لیے یہ اٹیک بہت خطرناک ثابت ہوتا ہے اور وہ آرڈر کر دیتا ہے۔

اسی طرح کئی خواتین ایک صارف کی حیثیت سے اس جال میں پھنس جاتی ہیں، اس پر ہمیں گفتگو کرنے اور بیداری پھیلانے کی ضرورت ہے۔

احساس محرومی

احساس محرومی کی شکار خواتین ضرورت سے زیادہ خرچ کرتی ہیں۔ ماضی میں ضرورت یا خواہش پوری نہ ہونے کی وجہ سے جب پیسہ آتا ہے تو انسان توازن برقرار رکھنے کے بجائے اپنی تمام خواہشات پوری کرنا چاہتا ہے۔ اسے یوں محسوس ہوتا ہے کہ اس چیز کا خریدنا اسے خوشی دے سکتا ہے، خوشی کی تلاش میں خواتین خود کو مجبور پاتی ہیں اور روک نہیں پاتیں۔

آپ نے نوٹس کیا ہوگا کہ بعض گھروں میں کسی لاری والے یا آواز لگانے والے کو خالی جانے نہیں دیتے۔ تنگی سے گزارنے والی خواتین اپنی دبی حسرتوں کو پوری کرنے کے لیے شاپنگ کا سہارا لیتی ہیں۔

خود اعتمادی میں کمی

بعض خواتین سماجی نفرت جھیلنے کی وجہ سے بھی شاپنگ کا سہارا لیتی ہیں، جیسے وہ پستہ

قد ہونے یا موٹاپے یا مافی الضمیر کے اظہار کی وجہ سے اپنا اعتماد کھو دیتی ہیں ، اس لیے شاپنگ کے ذریعہ اپنی کمزوری پر کنٹرول پانے کی کوشش کرتی ہیں، وہ چیزیں خریدتی ہیں جن کے ذریعہ وہ دوسروں کو متوجہ کر سکیں، اسی وجہ سے اکثر ایسی خواتین برانڈ کا ؤنشیس ہوتی ہیں، برانڈیڈ چیزیں خرید کر نمود و نمائش کا سہارا لیتی ہیں۔

جذباتی محرکات

جذباتی محرکات خواتین کو بے دریغ خرچ کروانے کا ذریعہ ثابت ہوتے ہیں۔ مثلاً کسی شادی بیاہ میں لوگوں کو دکھانے کے لیے بہت زیادہ خرید و فروخت کی جاتی ہے، جنونی شاپنگ کی جاتی ہے، پیسے کے ذخیرے کو پورے جنون کے ساتھ خرچ کر دیا جاتا ہے۔ اکثر خواتین بچوں کی برتھ ڈے میں جذباتی ہو کر کافی زیادہ خرچ دیتی ہیں یا تحائف دیتے ہوئے جنون کی حد تک شاپنگ کر لیتی ہیں، پیسے کم ہو جانے پر شرمندہ ہوتی ہیں۔

تکلیف دہ ماضی سے نکلنے کے لیے شاپنگ

ماضی کی تکالیف کو بھلانے کے لیے خریداری کو ایک ذریعہ بنانا بھی ایک نفسیاتی مرض ہے۔ بیوہ خواتین یا وہ خواتین جن کے شوہر گلف میں مقیم ہیں اور وہ تنہائی کی شکار ہیں، یا وہ خواتین جن کے شوہر سخت اور ترش مزاج ہوتے ہیں اور بیوی پر دباؤ کی پالیسی بروئے کار لاتے ہیں، ایسی خواتین پیسے آنے کے تاک میں ہوتی ہیں، جیسے ہی پیسہ ہاتھ میں آتا ہے، انھیں شاپنگ اینگزائٹی ہونے لگتی ہے اور وہ آنے والی رقم کو خرچ کرنے کے منصوبے بنانے لگتی ہیں، حتیٰ کہ وہ ضرورت سے زائد چیزیں خرید کر بعد میں شاپنگ گلٹ کا شکار ہوتی ہیں اور شرمندگی محسوس کرتی ہیں۔

طالب علم اپنے اوپر پڑنے والے دباؤ میں شاپنگ کا سہارا لیتے ہیں۔ ایسے طلبہ جو گھر سے دور رہتے ہیں، وہ بھی جنونی شاپنگ کرتے ہیں اور اپنے فرسٹریشن کو نکالنے کی کوشش

کرتے ہیں۔

معاشرتی دباؤ میں جنونی شاپنگ

معاشرتی دباؤ دو طرح سے غیر محسوس طریقے سے ہوتا ہے۔ مثلاً کسی خاتون کی تین بیٹیاں ہوں تو معاشرہ اسے احساس دلاتا ہے کہ اس کے پاس بیٹا نہیں ہے۔ رفتہ رفتہ اس خاتون کی دماغی صحت متاثر ہوتی ہے اور وہ معاشرے کو اپنی بچیوں کی پر اعتماد پرورش کا احساس دلانے کے لیے جنونی خریداری کا شکار ہو جاتی ہیں۔

فیشن اور ٹرینڈز کا اثر بھی خواتین زیادہ قبول کرتی ہیں۔ معاشرے میں نشست و برخاست کے لیے فیشن اور شوز، پرس، کاسمیٹکس، آوٹ فٹس، اور زیوارات پر بے دریغ پیسہ خرچ کرتی ہیں۔ اسی پر اکتفا نہیں ہوتا، گھر کا ڈیکوریشن، کچن کے لیے مختلف کراکری، قالین، صوفے اور نہ جانے کیا کیا؟ بس یوں ہوتا ہے کہ پیسہ کمایا ہی اس لیے جارہا ہے کہ اسے پار لگا دیا جائے۔ مذکورہ بالا تمام رویے دراصل انسان کی شخصی کمزوریاں ہیں، ان کمزوریوں پر قابو پانے کے بجائے فرار کا راستہ اختیار کرنا کہیں سے بھی ان کا حل نہیں ہے۔

ذہنی دباؤ اور جنونی شاپنگ

اینگزائٹی، ڈپریشن یا فرسٹریشن کو دور کرنے لیے بھی خواتین شاپنگ کے لیے نکلتی ہیں۔ مختلف چیزوں میں ان کا دماغ وقتی طور پر الجھ جاتا ہے اور چیزوں کو حاصل کرنے کے بعد کچھ دیر وہ ذہنی راحت محسوس کرتی ہیں، اکثر ایسا بھی ہوتا ہے کہ پیسے کی کمی انھیں اندر سے پریشان کرتی ہے، تاہم وہ راحت ملنے کے احساس کی وجہ سے کوئی بھی چیز خریدنے کا فیصلہ کر لیتی ہیں۔ دیگر نفسیاتی مسائل میں بھی خریداری سے راحت محسوس ہوتی ہے۔

مارکیٹنگ کا اثر

مارکیٹنگ بھی خریدار کے نفسیات سے کھیلنے جیسا عمل ہے۔ مثلاً کچھ گھروں میں بزنس کرنے والی خواتین بھانپ لیتی ہیں کہ دور شتے دار خواتین میں خاموش تقابل چلتا ہے ،بس وہ انھیں خریدنے پر اکسانے کے لیے کہتی ہیں کہ آپ کی فلاں رشتے دار تو اتنی رقم باتوں باتوں میں خرچ کر دیتی ہیں، مجھ سے بہت سا سامان لیتی ہیں۔ تبھی سامع خواتین بھی خریداری کر لیتی ہیں۔

آن لائن شاپنگ کسی کو بھی متعدی مرض کی طرح لگ جاتا ہے، اس جنون میں نہ انسان اپنی ضرورت دیکھتا ہے نہ نفع و نقصان، جنونی انداز میں بس خریدلیتا ہے۔اشتہارات بھی کچھ اس نوع کے ہوتے ہیں کہ وہ لاحاصل چیز کو سب سے بڑی ضرورت محسوس کرواتے ہیں۔

خریداری یہ تمام صورتیں دراصل Cumpulisve buying disorder ((CBD

کی مثالیں ہیں۔ ایک ریسرچ اسٹڈی کے مطابق عام پبلک میں ۸ء۵٪ لوگ اس ڈس آرڈر کا شکار ہوتے ہیں، اس میں بھی ۸۰٪ خواتین اس ڈس آرڈر کا شکار رہتی ہیں۔

بیسویں صدی میں سب سے پہلے اس ڈس آرڈر کی درجہ بندی اپنے نصاب میں Bleuler and Kraepelin نے کی تھی، یہ ڈس آرڈر عرصے تک سرد خانے میں رہا، اکیسویں صدی کے اواخر تک ان ہی دونوں حضرات نے CBD کا تجربہ کیا کہ کس طرح لوگ مقروض ہو کر قعر مذلت میں گر جاتے ہیں، انھوں نے ہی CBD پیرامیٹر اسکیل ترتیب دیا۔ اب ڈیجیٹل دور میں نفسیاتی امراض نے مزید جکڑ لیا اور کارپوریٹ کلچر نے ہر فرد کو اس ڈس آرڈر کا شکار بنا دیا ہے۔

زندگی اور شخصیت پر اس کے اثرات

اس ڈس آرڈر کا شکار انسان کبھی پیسوں کی منصوبہ بندی نہیں کر پاتا ہے، ہمیشہ مالی مسائل کا شکار رہتا ہے، آؤٹ آف بجٹ چیزیں اسے پریشان رکھتی ہیں، اس ڈس آرڈر کے مریض کو ہمیشہ مقروض دیکھا گیا ہے۔ اسی لیے قرآن مجید میں اللہ رب العالمین کا فرمان ہے:

"فضول خرچ لوگ شیطان کے بھائی ہیں۔" (سورۃ بنی اسرائیل)

خاندان کے افراد کے دکھاوے کے لیے اگر شاپنگ جنون بن جائے تو سمجھیے کہ رشتوں سے بھی تعلق میں گرہ لگ جاتی ہے۔ خود اعتمادی میں کمی پیدا ہوتی ہے، ذہنی دباؤ اور مستقل فکر لاحق ہوتی ہے۔ بچوں کے تعلیمی مسائل پر خرچ کے لیے فکر مندی گھیر لیتی ہے اور ایسے شخص کو ناگہانی بیماری ہو تو وہ قلاش رہتا ہیں۔ خریداری کا جنون گھر کو بھی کباڑیے کی شکل دے دیتا ہے، گھر میں غیر ضروری اشیاء کا انبار لگ جاتا ہے۔

روک تھام کی تدابیر

سب سے پہلے اس بات کا اندازہ لگایا جائے کہ آپ کی پچھلے ماہ کی خریداری میں کون سی چیزیں شامل تھیں؟ کیا وہ استعمال ہوئی یا صرف رکھی ہیں؟ جب تناسب لاحاصل اور غیر ضروری چیزوں کا زیادہ نظر آئے، تو فوراً محسوس کریں کہ ہم اس ڈس آرڈر کا شکار ہیں، ان چیزوں کے استعمال تک کچھ نہ خریدنے کی قسم کھالیں۔

اپنے شوہر سے بات کریں کہ آپ کی عادت بدلنے تک پیسہ اختیار میں نہ دیں بلکہ ان ہی کے پاس رہے، روزانہ خود سے کہیں کہ چیزوں میں ضائع کرنے کے بجائے پیسہ جمع کرنا ہے۔

خریدنے کا دل چاہے تو گولڈ خریدیں، اس طرح آپ پیسہ انگیج کرنے میں کامیاب ہو جائیں گے۔

شدید ڈپریشن پیسے کے خرچ یا خریداری سے کم ہو رہا ہو تو کسی مشیر یا کاؤنسلر سے مدد لیں۔ ان سے تھیراپی ضرور لیں۔

ایسی محفلوں میں بیٹھنے کے گریز کریں جو آپ کو میک اپ اور خریداری کا تقابل کروا کر جیب خالی کروالیتے ہیں۔

متبادل سرگرمیوں کا سہارا لیں۔ خود بھی چھوٹا بزنس کریں، تاکہ آپ کو پیسے کی قدر اور اس کے بچت کی اہمیت کا اندازہ ہوسکے۔

مشورے

خریداری کے جنون سے نکلنے کے لیے ضرورت کیا ہے؟ اس پر سوال اٹھائیں۔

کیا یہ چیز بار بار استعمال میں آنے والی ہے؟ اس پر مطمئن ہو جائیں۔

شاپنگ مال میں کبھی چکر نہ لگائیں، ان کو دیکھنے کے بعد ہماری چیز پرانی اور خستہ نظر آتی ہے۔

تعمیری کام میں خود کو مصروف کریں۔

یاد رکھیں! شادی بیاہ کی فضولیات میں پیسہ اتنا خرچ نہ کریں کہ آپ کی فیملی قرض کے بوجھ سے اپنے زندگی کے دن کم کرلے، حقیقت پسند بنیں۔

یاد رکھیں! ہندوستان میں مسلمان امت کی احساس کہتری سے نکلنے کی جگہ صرف تعلیم ہے، اگر ہم نے اپنے بچوں کی تعلیم کے لیے پیسہ پس انداز نہ کیا تو ہم اپنے بچوں کے ساتھ بے وفائی کر رہے ہوں گے۔

***

سوشل میڈیا ہمارے دماغ اور نفسیات پر کیسے اثرانداز ہوتا ہے؟

اردو نیوز ڈیسک

ایک زمانہ تھا جب مختلف ممالک کے لوگوں سے قلمی دوستی کرنے کے لیے مخصوص جرائد ہوا کرتے تھے جن میں ان لوگوں کے ایڈریس درج ہوتے تھے جن سے خط و کتابت کی جاتی اور لوگ دوستی کے رشتے میں بندھ جاتے تاہم اس میں کافی وقت لگتا تھا۔ یہ معاملہ مگر اب تبدیل ہو چکا ہے، سوشل میڈیا نے جہاں فاصلے ختم کیے ہیں وہاں آپ اب ایک کلک پر دنیا کے کسی بھی کونے میں موجود شخص سے نہ صرف متعارف ہو سکتے ہیں بلکہ اس سے دوستی بھی کر سکتے ہیں۔ یونیورسٹی آف پنسلوینیا کی جانب سے کی جانے والی ایک تحقیق میں بتایا گیا ہے کہ سوشل میڈیا پر ایک دن میں ۳۰ منٹ سے کم کام کرنے پر آپ کو بے چینی، ڈپریشن، احساس تنہائی اور نیند میں کمی جیسے مسائل سے کسی حد تک چھٹکارا مل سکتا ہے۔

سنہ ۲۰۱۵ میں اس حوالے سے کیے گئے ایک سروے میں یہ بات سامنے آئی کہ نوجوان ایک دن میں ۹ گھنٹے سوشل میڈیا پر گزارنے کے بعد بھی اس سے مزید جڑے رہنے کے طلب گار ہوتے ہیں جو ایک تشویشناک علامت ہے کیونکہ اس سے انسان کی

ذہنی اور نفسیاتی صحت پر منفی اثرات مرتب ہوتے ہیں۔ کینیڈا میں سنہ ۲۰۱۷ میں کی گئی ایک تحقیق میں یہ بات سامنے آئی کہ وہ طالب علم جو دن میں دو گھنٹے سوشل میڈیا پر گزارتے ہیں ان کی ذہنی حالت ان لوگوں سے کسی حد تک خراب رہی جو سوشل میڈیا سے دور رہتے ہیں۔ سنہ ۲۰۱۹ میں اس حوالے سے ہونے والی ایک اور تحقیق میں یہ بتایا گیا کہ سوشل میڈیا کے مسلسل استعمال سے پر سکون نیند متاثر ہوتی ہے جس کے باعث بہت سے مسائل کا سامنا کرنا پڑ سکتا ہے جن میں نفسیاتی اور ذہنی پریشانیاں اور الجھنیں شامل ہیں۔

سوشل میڈیا کے بعض مثبت پہلو

ہر چیز کے مثبت اور منفی پہلو ہوتے ہیں، اسی طرح سوشل میڈیا کے بھی چند مثبت پہلو ہیں جنہیں نظر انداز نہیں کیا جاسکتا۔ ذیل میں ان مثبت پہلوؤں کا ذکر کیا جارہا ہے۔

اپنے دوستوں اور رشتہ داروں سے مسلسل رابطے میں رہنا

نئے دوستوں سے متعارف ہونا

اپنے اطراف یعنی دنیا کے دیگر حصوں میں کیا کچھ ہو رہا ہے اس سے باخبر رہنا

وہ افراد جو دور دراز اور بڑی آبادی سے کٹے ہوئے علاقوں میں رہتے ہیں تو ان کے لیے بھی یہ مفید ثابت ہوتا ہے

مختلف معاشروں کے علاوہ متعدد امور کو جاننے کے لیے بھی مددگار ہے

سوشل میڈیا کی خامیاں: اس حوالے سے اگرچہ تحقیق جاری ہے تاہم اب تک کیے گئے تحقیقی مطالعوں میں سوشل میڈیا کے مسلسل استعمال کو ڈپریشن اور پریشانی کا سبب قرار دیا گیا ہے۔

سوشل میڈیا کا نشہ: سوشل میڈیا کے استعمال کے عادی افراد اس کے نشے میں بری

طرح مبتلا ہو جاتے ہیں اور ہر قسم کی پریشانی اور مسائل کا حل سوشل میڈیا میں تلاش کرنے لگتے ہیں۔

اس نشے میں مبتلا یعنی سوشل میڈیا کا شکار ہو جانے والے افراد ہر چند منٹ بعد اپنا فون چیک کرتے ہیں وہ یہ جاننا چاہتے ہیں کہ کیا کچھ نیا ہوا ہے۔ اس عادت سے مجبور ہو کر وہ یہ بھی فراموش کر دیتے ہیں کہ وہ گاڑی چلا رہے ہیں یا کسی اور مقام پر ہیں، وہ ہر تھوڑی دیر بعد اپنا موبائل فون ضرور چیک کرتے ہیں۔

تنہائی: پینسلوینیا یونیورسٹی کی جانب سے کی گئی ایک تحقیق میں یہ بات سامنے آئی کہ سوشل میڈیا استعمال کرنے والوں میں تنہائی کا احساس بتدریج زیادہ ہونے لگتا ہے۔

اضطراب اور پریشانی: انسان کی تخلیق اس طرح کی گئی ہے کہ وہ معاشرے سے جڑا رہے جبکہ سوشل میڈیا کا شکار ہو جانے والے افراد معاشرے سے کٹ جاتے ہیں اور وہ ایک دائرے میں محدود ہو جاتے ہیں۔

فطری تقاضوں سے دور ہونے کے باعث ان لوگوں میں اضطراب اور پریشانی کا عنصر بڑھ جاتا ہے کیونکہ انسان فطری طور پر معاشرے کا رکن ہوتا ہے اور اپنی اساس سے ہٹنے کی صورت میں اسے پریشانی کا سامنا کرنا پڑ سکتا ہے۔

بلا وجہ دھونس: ایک سروے میں ۱۰ فیصد بچوں نے سوشل میڈیا پر غیر مناسب رویے کی شکایت کی ہے۔ اس حوالے سے ان کا کہنا تھا کہ بلا وجہ دھونس کی وجہ سے انہیں کافی مشکل صورتحال کا سامنا کرنا پڑتا ہے۔

سوشل میڈیا کا سوچ پر کنٹرول

سوشل میڈیا کی جڑیں اس قدر گہری ہو چکی ہیں جو باعث تشویش امر ہے۔ اس حوالے سے لوگوں اور معاشرے پر سوشل میڈیا کے اثرات ذیل میں بیان کیے جا رہے ہیں۔

۱۔ سوشل میڈیا کی اہمیت کا حقیقی دوستوں سے بڑھ جانا: یہ سوشل میڈیا کا نشہ اس دور کی حقیقت بن چکی ہے جسے آپ تسلیم کریں یا نہ کریں کیونکہ اب محفل میں ہونے کے باوجود بھی ہر شخص سوشل میڈیا پر مصروف رہتا ہے۔

۲۔ خود کا موازنہ سوشل میڈیا پر موجود دوسرے لوگوں سے کرنا: آپ اگر سوشل میڈیا پر موجود لوگوں سے ملاقات کر کے یا ان کے بارے میں جان کر اپنی ذات کو کم تر محسوس کریں تو یقینی طور پر سوشل میڈیا نے آپ کی سوچ اور افکار کو کنٹرول کر لیا ہے اور آپ اس کا شکار ہو چکے ہیں جو انتہائی منفی عمل ہو گا۔

۳۔ فکری حدود: آپ کی سوچ اگر ایسی ہو گئی ہے کہ آپ سوشل میڈیا پر موجود لوگوں کی جانب سے ملنے والے کمنٹس سے مرعوب ہو جاتے ہیں یا غلط رویے سے متاثر ہوتے ہیں تو یقینی طور پر یہ اس بات کی جانب اشارہ ہے کہ آپ اس کا شکار ہو چکے ہیں۔

۴۔ کام کے دوران ذہنی تناؤ یا خلفشار: آپ اگر اپنی صلاحیتوں کو اجاگر کرتے ہوئے کچھ تحریر کرنا چاہتے ہیں تو اس کے لیے ضروری ہے کہ آپ کی بھرپور توجہ اپنی تخلیقی صلاحیتوں کی جانب ہو مگر سوشل میڈیا کا مسلسل استعمال اور اس سے جڑے رہنے کی وجہ سے آپ کی توجہ بٹ جاتی ہے جس سے لوگ ذہن انتشار یا دباؤ کا شکار ہو جاتے ہیں۔

۵۔ اپنے بارے میں سوچنے کا وقت نہیں: کسی بھی انسان کے لیے یہ بہت اہم ہوتا ہے کہ وہ اپنی ذات کے بارے میں سوچے اور اپنی اصلاح کے لیے کوشاں رہے، مگر وہ افراد جو ہمہ وقت سوشل میڈیا پر اپنا وقت گزارتے ہیں وہ اس سے بیگانہ ہو جاتے ہیں کیونکہ ان کے پاس وقت ہی نہیں ہوتا کہ وہ یکسو ہو کر اپنے بارے میں سوچیں۔

۶۔ زیادہ لائیکس حاصل کرنے کے لیے حد سے تجاوز کرنا: سوشل میڈیا کا سب سے خطرناک پہلو یہ ہے کہ اس کے عادی افراد محض زیادہ سے زیادہ لائیکس حاصل کرنے کے لیے ہر حد سے تجاوز کر جاتے ہیں جو بسا اوقات ان کے لیے انتہائی خطرناک بھی ثابت

ہوتا ہے۔

۷۔ نیند میں خلل: جو افراد سوشل میڈیا کے اس قدر اسیر ہو جاتے ہیں کہ وہ سوتے ہوئے بھی سوشل میڈیا کو چیک کرتے ہیں یا بیدار ہوتے ہی ان کا سب سے پہلا عمل سوشل میڈیا کو چیک کرنا ہوتا ہے جس کے باعث ان کی نیند شدید متاثر ہوتی ہے جو ذہنی اور جسمانی نشو نما کے لیے انتہائی اہم ہے۔

۸۔ اضطراب یا افسردگی میں اضافہ : یہ بات درست ہے کہ سوشل میڈیا آپ کی پریشانی یا افسردگی کو کم نہیں کرتا بلکہ اس میں اضافے کا بنیادی سبب ہے۔ اس کے علاوہ اس کے عادی بعض افراد تنہائی کا شکار ہو جاتے ہیں۔

سوشل میڈیا استعمال کرنے کی وجوہات کیا ہیں؟

یہ حقیقت ہے کہ سوشل میڈیا کے ذریعے پیسے کمائے جاتے ہیں اسی لیے سوشل میڈیا کو اس طرح ڈیزائن کیا گیا ہے کہ آپ اس سے مسلسل جڑے رہیں۔ یہ بھی درست ہے کہ بعض حالتوں میں سوشل میڈیا سے منسلک افراد اس کے نشے کے اس قدر عادی ہو جاتے ہیں کہ بعد میں انہیں شدید دشواری کا سامنا کرنا پڑتا ہے۔ جیسے ہی آپ کی کسی پوسٹ پر لائیک آئے یا اسے شیئر کرنے کا گراف بلند ہوتا ہے اور آپ کو اس بارے میں معلوم ہوتا ہے تو اس سے پیدا ہونے والا احساس آپ کے جسم میں مخصوص ہارمونز کا اضافہ کر دیتا ہے جس سے آپ سوشل میڈیا سے مزید جڑے رہتے ہیں چاہے ایسا کرنا آپ کے لیے نقصان دہ ہی کیوں نہ ہو۔

***

سوشل میڈیا آپ کے دماغ کے ساتھ کیا کر رہا ہے؟

سبرینا بار

سوشل میڈیا کے آنے سے پہلے عالمی آبادی کبھی بھی ایک دوسرے سے اس حد تک رابطے میں نہیں تھی۔ لیکن سوشل میڈیا پر اس درجہ انحصار نے ہمارے دماغی صحت پر منفی اثرات بھی مرتب کیے ہیں۔ ایک عام برطانوی شہری دن میں اوسطاً ۲۸ بار اپنا فون چیک کرتا ہے۔ ایک طرف جہاں سوشل میڈیا کے فوائد ہیں وہیں دوسری جانب اس کا حد سے زیادہ استعمال ہمیں افسردہ اور تنہائی کا شکار بنا رہا ہے۔ بہترین فلٹروں کے ساتھ انسٹاگرام پر خوبصورت تصاویر پوسٹ کرنے کی ضرورت کئی لوگوں کی عزت نفس کو مجروح کر رہی ہے۔ سونے سے پہلے عادتاً ٹوئٹر کو دیکھنا اچھی نیند کے رستے میں رکاوٹ بن سکتا ہے۔ یہاں سوشل میڈیا استعمال کرنے کے باعث چھ ایسی وجوہات بیان کی گئی ہیں جو آپ کی ذہنی صحت پر اثر ڈال رہی ہیں اور شاید آپ کو اس بات کا علم تک نہیں ہے:

عزت نفس

ہم سب کی کوئی نہ کوئی کمزوری ہوتی۔ ہم کچھ باتیں کھل کر کرتے ہیں اور کچھ باتیں مخفی رکھتے ہیں۔

لیکن کسی کے سوشل میڈیا کا جائزہ لینا اور ان کی خوبصورتی سے بھرپور تصاویر اور فیس بک پر ان کی ازدواجی حیثیت پر نظر رکھنا ہمیں اپنے ہی بارے میں شکوک پیدا کر سکتا ہے۔

یونیورسٹی آف کوپن ہیگن کی تحقیق کے مطابق کئی افراد 'فیس بک حسد' میں مبتلا ہیں اور وہ لوگ جو فیس بک استعمال نہیں کرتے ان کا کہنا ہے کہ وہ اپنی زندگی سے زیادہ خوش ہیں۔

ہیلتھسٹا کے ڈاکٹر ٹم بونو جو 'وین دالائیکس آر ناٹ انف' کے مصنف بھی ہیں، کہتے ہیں: 'جب ہم اس بات کا موازنہ کرتے ہیں کہ دوسروں کے مقابلے میں ہم کہاں پر کھڑے ہیں۔ ہم اپنی خوشی کے بارے میں سوچتے ہیں کہ وہ ہمارے بس میں نہیں ہے۔'

اس بارے میں خبردار رہنا کہ دوسروں کے سوشل میڈیا اکاؤنٹس پر ٹائم گزارنے سے گریز کرنے اور خود پر توجہ دینے سے آپ کی خوداعتمادی میں اضافہ ہو سکتا ہے۔

انسانی رابطہ

بطور انسان دوسرے انسانوں سے رابطہ رکھنا اور رابطہ قائم کرنا ہمارے لیے بہت ضروری ہے لیکن ایسا مشکل ہو سکتا ہے جب ہم ایک مستطیل سکرین سے چپکے بیٹھے ہوتے ہیں۔ اس وجہ سے ہم اپنے اصل زندگی کے دوستوں کی نسبت ڈیجیٹل دوستوں کے ساتھ زیادہ مصروف ہو جاتے ہیں۔

سٹینا سینڈر سابقہ ماڈل ہیں اور ان کے انسٹاگرام پر ایک لاکھ سات ہزار فالورز ہیں۔ ان کے مطابق سوشل میڈیا بعض اوقات ان کو اکیلا محسوس کرنے کی وجہ بنتا ہے۔

سٹینا نے دی انڈپینڈنٹ کو بتایا کہ 'میں اپنے تجربے سے جانتی ہوں کہ جب میں اپنے دوستوں کو پارٹی کرتے دیکھتی ہوں اور جب میں اس میں شریک نہیں ہو پاتی تو میں

بہت اکیلا محسوس کرتی ہوں۔ جس سے مجھے بہت تنہائی اور بے چینی محسوس ہوتی ہے۔'

امریکن جنرل آف اپی ڈیمیالوجی کی ایک تحقیق میں پانچ ہزار دو سو آٹھ ایسے افراد کو شامل کیا گیا جو فیس بک متواتر استعمال کرتے ہیں۔ اس تحقیق میں سامنے آیا ہے کہ فیس بک کا مسلسل استعمال انسان کی زندگی پر منفی اثرات مرتب کرتا ہے۔

یادداشت

ماضی میں گزرے واقعات اور یادداشتوں کو یاد رکھنے کے لیے سوشل میڈیا ایک اہم کردار ادا کر سکتا ہے لیکن یہ آپ کی زندگی کے کچھ واقعات کے بعض حصوں کو مسخ بھی کر سکتا ہے۔ ہم میں سے زیادہ تر لوگ ایک خوبصورت مقام پر ایک اچھی سیلفی لینے میں بہت وقت لگا دیتے ہیں جبکہ ہم اس جگہ کی خوبصورتی سے حقیقی طور پر محروم ہو رہے ہوتے ہیں اور اس کو اپنی آنکھوں سے نہیں دیکھ پاتے۔

ڈاکٹر بونو کا کہنا ہے کہ 'اگر ہم اپنی تمام تر توجہ اپنے سوشل میڈیا فالورز سے تعریف حاصل کرنے کے لیے اچھی تصویر بنانے پر مرکوز رکھیں گے تو ہم اس وقت میں اس جگہ کی حقیقی خوبصورتی سے لطف نہیں اٹھا سکیں گے۔ اپنے فون پر زیادہ وقت گزارنا ہماری توجہ تقسیم کرنے کا باعث بنے گا اور ان لمحات سے ملنے والی خوشی کو مکمل طور پر محسوس نہیں کرنے دے گا۔'

نیند

نیند کا پورا ہونا انسان کے لیے بہت اہم ہے لیکن ہم میں سے بہت سے افراد بستر پر جا کر بھی فون استعمال کرتے رہتے ہیں جس سے نیند اچاٹ ہو جاتی ہے۔

ڈاکٹر بونو کے مطابق 'سوشل میڈیا پر دیکھی گئی چیزوں کی وجہ سے بے چینی یا حسد محسوس کرنا ہمارے دماغ کو جاگنے پر مجبور رکھتا ہے جس کی وجہ سے ہمیں نیند نہیں آتی۔

اس کے ساتھ ہی ہمارے چہرے سے چند انچ کی دوری پر روشن موبائل کی سکرین سے ایسی شعاعین خارج ہوتی ہیں جو ہمیں تھکاوٹ میں مبتلا کر دیتی ہیں۔'

خود پر تھوڑی سختی کریں اور بستر پر جانے سے ایک گھنٹے سے ۴۰ منٹ پہلے تک فون کا استعمال نہ کریں اور دیکھیں کہ آپ کی نیند کس حد تک بہتر ہوتی ہے۔

توجہ کا دورانیہ

یہ صرف لاشعور نہیں ہے جس کی وجہ سے آپ کو پریشان ہونے کی ضرورت ہے لیکن یہ توجہ مرکوز کرنے کا دورانیہ ہے جس دوران آپ جاگ رہے ہیں۔ سوشل میڈیا کی وجہ سے معلومات تک آسان رسائی بلاشبہ ایک شاندار چیز ہے لیکن یہ لوگوں کی توجہ بانٹنے کی بہت بڑی وجہ بھی بن رہی ہے۔ ڈاکٹر بونو کہتے ہیں: 'سوشل میڈیا نے آسان تفریح تک رسائی کو فوری اور آسانی بنا دیا ہے جس سے انسان خود بخود اس جانب مائل ہوتا ہے۔'

اگر آپ کچھ دیر کے لیے اپنا فون چیک نہ کریں تو یہ آپ کی قوت ارادی آزمانے کا بہترین موقع ہو سکتا ہے۔

دماغی صحت

سوشل میڈیا اداسی پھیلانے کا باعث بن رہا ہے لیکن یہ انسان کے ساتھ بے چینی اور ذہنی دباؤ جیسے مسائل کی وجہ بھی بن سکتا ہے جب آپ بغیر خیال رکھے اس کا بہت زیادہ استعمال جاری رکھتے ہیں۔

مارچ ۲۰۱۸ میں ایک رپورٹ سامنے آئی کہ جنریشن زیڈ کا ۳۰ فیصد سے بھی زیادہ حصہ سوشل میڈیا ترک کر رہا ہے جبکہ کہ ۴۱ فیصد کا کہنا تھا کہ یہ ان کے لیے بے چینی، اداسی اور دباؤ کی وجہ بن رہا تھا۔ اس سروے میں ایک ہزار افراد شریک تھے۔

بین جیکبز جو کہ ایک ڈی جے ہیں ان کے ٹوئٹر پر پانچ ہزار سے زیادہ فالورز ہیں۔ انہوں نے اس پلیٹ فارم سے جنوری ۲۰۱۶ سے چھٹی لینے کا فیصلہ کیا تھا اور یہ ان کے لیے بہت فائدہ مند ثابت ہوا ہے۔

ان کا کہنا ہے کہ 'ٹوئٹر نے مجھے بے چین کرنا شروع کر دیا تھا اور رفتہ رفتہ مجھے یہ احساس ہوا کہ میں نے اپنے آپ کو بہت سے اجنبی لوگوں کے احساسات کے تابع کر رکھا تھا جو کہ جانتے بھی نہیں تھے کہ میں کون ہوں۔ جب سے میں نے ٹوئٹر سے وقفہ لیا ہے میرے پاس بہت سی چیزوں کے لیے کافی وقت میسر آگیا ہے جیسے کہ صبح تین بجے اٹھ کے کتاب پڑھنے کا۔'

آپ کو بہتری کے لیے شاید سوشل میڈیا چھوڑنے کی ضرورت نہ پڑے لیکن اگر آپ محسوس کریں کہ یہ آپ کو متاثر کر رہا ہے تو کیوں نہ سوشل میڈیا کے لیے کچھ وقت مختص کر دیا جائے جو کہ روزانہ کی بنیاد پر آپ کے معمول کا حصہ ہو۔ یہ چھوٹی سی تبدیلی کافی بہتری کی وجہ بن سکتی ہے۔

***

سوشل میڈیا کے ذہنی صحت پر منفی اثرات بہت کم ہیں

جمال نازی

ایک نئی تحقیق سے معلوم ہوا ہے کہ سوشل میڈیا پلیٹ فارم کو طویل عرصے تک استعمال کرنے کا ذہنی صحت کے اشاریوں جیسے ڈپریشن، اضطراب اور تناؤ سے کوئی خاص تعلق نہیں ہے۔ جریدے "نیو میڈیا اینڈ سوسائٹی" کا حوالہ دیتے ہوئے نیو اٹلس نے کہا ہے کہ حال ہی میں شائع ہونے والی ایک اور تحقیق سے پتہ چلا ہے کہ اگر مرد لائیکس اور کمنٹس کو بہت زیادہ اہمیت دے رہے ہوں تو ان میں فٹنس کے بارے میں غیر صحت بخش جنون پیدا ہونے کا خطرہ ہوتا ہے۔

سوشل میڈیا پر تنقید

آج کے تیز رفتار معاشرے میں سوشل میڈیا کے استعمال پر مناسب تنقید کی جارہی ہے۔ سالوں کے دوران مطالعات نے یہ نتیجہ اخذ کیا ہے کہ سوشل میڈیا کا زیادہ استعمال لوگوں کو بیدار رکھتا ہے، انہیں افسردہ کرتا ہے اور یہاں تک کہ بچوں کے ذہن کو بھی بدل سکتا ہے۔ لیکن آسٹریلیا میں کرٹن یونیورسٹی کے سکول آف پاپولیشن ہیلتھ کے

محققین نے ایک مختلف رائے دی ہے جس سے سوشل میڈیا کے حوالے سے کچھ مثبت بات سامنے آئی ہے۔ ایک نئی تحقیق میں انہوں نے پایا ہے کہ سوشل میڈیا کے بھاری استعمال اور ذہنی صحت کے اشاریوں جیسے ڈپریشن، اضطراب اور تناؤ کے درمیان کوئی تعلق نہیں ہے۔

کم سے کم اثرات

اس تحقیق کی سرکردہ محقق چلو جونز نے کہا ہے کہ اگر آپ اس شعبے میں باخبر فیصلے کرنا چاہتے ہیں تو یہ اعلیٰ معیار کے ڈیٹا پر مبنی ہونا چاہیے۔ تحقیق یہ ظاہر کرتی ہے کہ جب کوئی شخص سوشل میڈیا پر وقت خرچ کرتا ہے تو معروضی طور پر اس وقت کی پیمائش کی جائے تو اس کے ذہنی صحت پر اثرات بہت کم یا غیر موجود ہیں۔

سب سے زیادہ مستعمل پلیٹ فارمز

مختلف سوشل نیٹ ورکنگ سائٹس متنوع مواد، مخصوص خصوصیات اور تعاملات پیش کرتی ہیں تو محققین نے الگ الگ نفسیاتی پریشانی کا جائزہ لیا۔ سب سے زیادہ استعمال ہونے والے پلیٹ فارمز میں فیس بک، انسٹاگرام، سنیپ چیٹ، ٹک ٹاک اور ایکس کو جائزہ لیا گیا۔ اس سٹڈی میں توجہ پر کنٹرول کے حوالے سے سوشل میڈیا کے اثرات کو دیکھا گیا۔ خلفشار کو نظر انداز کرتے ہوئے خاص محرکات پر توجہ مختص کرنے کی صلاحیت کا بھی جائزہ لیا گیا۔ اس تحقیق میں ۴۲۵ رضاکاروں نے حصہ لیا۔ نمونے میں ۷۷،۴ فیصد خواتین شامل تھیں اور ان کی اوسط عمر صرف ۲۲ سال سے زیادہ تھی۔ خود رپورٹس پر بھروسہ کرنے کے بجائے، محققین نے ایک ہفتے کے دوران ایک ذاتی سمارٹ فون پر فیس بک، انسٹاگرام، سنیپ چیٹ، ٹک ٹاک، اور ایکس کا استعمال کرتے ہوئے شرکا کے

وقت کا جائزہ لے کر سوشل میڈیا کے استعمال کی معروضی طور پر پیمائش کی

افسردگی اور تناؤ کا پیمانہ

محققین نے ڈپریشن، اینگزائٹی اور اسٹریس سکیل " DASS-۲۱" کا استعمال کیا۔ یہ خود رپورٹ کرنے والے تین پیمانوں کا مجموعہ ہے۔ اس میں شرکاء کی عمومی نفسیاتی پریشانی کی پیمائش کرنے کے لیے افسردگی، اضطراب اور تناؤ کی جذباتی حالتوں کی پیمائش کی جاتی ہے۔ توجہ پر کنٹرول کو اینٹی سیکیڈ ٹاسک سے ماپا جاتا ہے۔ اس میں شرکا پر لازم کیا جاتا ہے کہ وہ اچانک ظاہر ہونے والے ایک بصری ہدف کو دیکھنے کی اضطراری خواہش کو دبائیں اور اس کے بجائے اسے مخالف سمت میں دیکھیں۔ دوسرے لفظوں میں یہ آنکھوں کی تیز رفتار حرکت ہوتی ہے جو کسی نئی، دلچسپ چیز پر نظر کے خط کو تبدیل کر دیتی ہے۔

بے چینی سے بہت کم تعلق

جب محققین نے سوشل میڈیا کے استعمال کا موازنہ شرکا کے ڈپریشن، اضطراب، تناؤ اور توجہ پر قابو پانے کی سطح سے کیا تو انھوں نے پایا کہ سوشل میڈیا کا استعمال بے چینی سے بہت کمزور تھا اور اس کا تعلق ڈپریشن یا تناؤ سے نہیں تھا۔ محققین نے سوشل میڈیا کے استعمال اور توجہ کے کنٹرول کے درمیان ایک کمزور مثبت تعلق دریافت کیا۔ انہوں نے تجویز کیا کہ سوشل میڈیا کا زیادہ استعمال قدرے بہتر توجہ کے ساتھ منسلک تھا۔

پلیٹ فارم کے مختلف اثرات

کلینیکل سائیکالوجسٹ، کرٹن یونیورسٹی میں سائیکالوجی کے لیکچرر اور اس تحقیق کے

لیڈ محقق پیٹرک کلارک نے کہا ہے کہ اگرچہ تمام پلیٹ فارمز سے ذہنی صحت کا تعلق کمزور تھا لیکن اس تحقیق سے پتا چلا کہ مختلف پلیٹ فارمز نے مختلف اثرات مرتب کیے ہیں۔ فیس بک کے استعمال نے صارفین کے درمیان پریشانی کے ساتھ تھوڑا سا تعلق ظاہر کیا۔ تاہم ٹک ٹاک صارفین میں توجہ کا بہتر کنٹرول دیکھا گیا۔ محققین نے وضاحت کی کہ نتائج سے یہ ظاہر نہیں ہوتا کہ سوشل میڈیا کا استعمال بے ضرر ہے یا دماغی صحت پر کوئی اثر نہیں پڑتا۔ وہ سمجھتے ہیں کہ دونوں کے درمیان ایک پیچیدہ تعلق ہے۔ مثال کے طور پر ایک معاون آن لائن کمیونٹی سے جڑنا تنہائی میں رہنے والے لوگوں کے لیے ایک لائف لائن ہو سکتا ہے۔ لیکن اگر کسی شخص کو جسمانی شبیہہ سے متعلق خدشات لاحق ہوں تو اس کے لیے انسٹاگرام پر اثر انداز کرنے والوں کے ذریعے گھنٹوں سکرول کرنا واقعی مددگار ثابت نہیں ہو سکتا۔

غیر صحت بخش جنون

اس سلسلے میں حال ہی میں شائع ہونے والی ایک اور آسٹریلوی تحقیق میں سوشل میڈیا پلیٹ فارمز ٹک ٹاک اور انسٹاگرام کا جائزہ لیا گیا اور یہ نتیجہ اخذ کیا گیا کہ یہ دونوں پلیٹ فارمز مردوں میں فٹ رہنے اور مضبوط جسم کے غیر حقیقی اور غیر صحت مند جنون کو پیدا کرتے ہیں۔ پچھلے مطالعات نے واضح کیا ہے کہ جو مرد اپنی پوسٹس پر لائیکس اور مثبت تبصرے حاصل کرنے کو زیادہ اہمیت دیتے ہیں ان میں "مسکیولر ڈیسمورفیا" کی علامات میں مبتلا ہونے کا امکان زیادہ ہوتا ہے۔ کچھ لوگوں کو خدشہ ہے کہ ان کے جسم چھوٹے اور کمزور ہیں حالانکہ درحقیقت ان کے جسم بڑے اور مضبوط ہیں۔

ریویوز اور لائیکس

یونیورسٹی آف سدرن آسٹریلیا کے محققین نے ۱۸ سے ۳۴ سال کی عمر کے ۹۵ آسٹریلوی مردوں کا آن لائن سروے کیا تاکہ یہ معلوم کیا جاسکے کہ کیا مشہور شخصیات کی سوشل میڈیا سائٹس پر ظاہری شکل پر مبنی تبصرے، فیشن اینڈ فٹنس اور جسمانی تصویر کے خدشات کے درمیان کوئی تعلق ہے۔

پٹھوں کی خرابی کی شکایت

محققین نے شرکا کے پٹھوں کی ڈیسمورفیا کی علامات کی پیمائش کے لیے MDDI کا استعمال کیا۔ MDDI پر اشیاء کی درجہ بندی پانچ نکاتی پیمانے پر کی جاتی ہے۔ زیادہ سکور علامات کی زیادہ شدت کی نشاندہی کرتا ہے۔ اس میں کل سکور ۱۳ سے ۶۵ تک کا ہوتا ہے۔ ۳۹ سے زیادہ کا سکور بیماری کے بڑھنے کے خطرے کی نشاندہی کرتا ہے۔ شرکاء سے یہ بھی پوچھا گیا کہ وہ روزانہ کتنے گھنٹے سوشل میڈیا استعمال کرتے ہیں اور وہ ہر ہفتے کتنی ورزش کرتے ہیں۔

غیر حقیقی تصورات

شرکا نے بتایا کہ انہوں نے روزانہ دو گھنٹے سے زیادہ سوشل میڈیا کا استعمال کیا اور ہر ہفتے اوسطاً ورزش کے تین سیشنز میں حصہ لیا۔ محققین نے دریافت کیا کہ ۱۹ فیصد شرکا نے MDDI پر ۳۹ سے اوپر سکور کیا۔ اس سے یہ ظاہر ہوا کہ وہ اپنے جسم کے بارے میں غیر حقیقی نظریات رکھنے کے زیادہ خطرے میں تھے۔ محققین نے یہ بھی پایا کہ لائیکس اور کمنٹس کی اہمیت عمر اور نسل جیسی علامات سے زیادہ تھی۔

سماجی توثیق

یونیورسٹی آف سدرن آسٹریلیا میں سائیکالوجی کے گریجویٹ طالب علم اور اس

تحقیق کے سرکردہ محقق لویجی ڈونا روما نے بتایا کہ پچھلی تحقیق میں زیادہ تر خواتین پر توجہ مرکوز کی گئی تھی لیکن اب ہم دیکھتے ہیں کہ مرد بھی آن لائن جسمانی نظریات کے دباؤ کا شکار ہیں۔ انہوں نے کہا کہ عضلات کی خرابی ایک ابھرتا ہوا مسئلہ ہے۔ مطالعہ سے پتہ چلتا ہے کہ سوشل میڈیا صرف مواد کو شیئر کرنے کا ایک پلیٹ فارم نہیں ہے بلکہ یہ سماجی توثیق کا ایک طاقتور ذریعہ ہے۔ سوشل میڈیا اس بات پر بہت اثر انداز ہو سکتا ہے کہ نوجوان اپنے جسم کو کیسے دیکھتے ہیں۔

***